JN042659

ファッションの仕事で世界を変える
エシカル・ビジネスによる社会貢献

白木夏子 Shiraki Natsuko

★——ちくまプリマー新書
384

目次 * Contents

イラストレーション　門馬則雄

はじめに

はじめまして。ジュエリーブランドＨＡＳＵＮＡ創業者の白木夏子です。

皆さんは、ジュエリーブランドと聞いて何を想像しますか？　きらきらと輝く宝石、ダイヤモンド、重厚感のある店構え、結婚指輪、婚約指輪、ネックレス。美しくて、きらびやかで、憧れの世界と感じていらっしゃる方も多いのではないでしょうか。

わたしは二七歳の時に自分のジュエリーブランドをつくりました。正確に言えば、二六歳の時にジュエリーブランドを立ち上げることを決意し、仲間とともに構想を練り、金融関係の会社で働きながらジュエリーを制作する学校に通い、二七歳の時にジュエリーを制作・販売する株式会社ＨＡＳＵＮＡを創業しました。ＨＡＳＵＮＡは今年二〇二一年で一三年目になり、現在は東京の表参道にお店を構え、オンラインショップや全国のセレクトショップなどで販売しています。

話は飛んで、皆さんは、いわゆる発展途上国での貧困問題や環境問題、紛争についてどう思いますか？　遠い世界の出来事、自分には関係のないことだと考える方もいらっしゃるかもしれません（わたしも高校生の時まではずっとそう思っていました）。インターネットで世界のニュースに触れる時に、心を痛めている方もいるでしょう。また、学校の授業でそんな問題を取り上げることもあるかと思います。

「何か、わたしにもできることはないだろうか」と、一度は考えたことがある方も多いのではないでしょうか。寄付やボランティア活動、フェアトレードやオーガニックの品を買うこと、政治や大企業を動かすために署名活動をすること、NGOやNPO、国連で働くこと。世界を良くするために、問題の解決に向けてできることは多くあります。

じつはわたしは学生時代、この世界を良くするために、自分の力を役立てたいと国際協力の仕事につくことを真剣に目指して勉強をしていました。国連や世界銀行、国際NPOで働くことを考え、イギリスのロンドン大学で勉強し、在学中も積極的にインドやフィリピンに足を運んでNGOで活動し、大学卒業後はベトナムに飛び、国連のインターンとして仕事をしていました。

では、なぜわたしはそこからジュエリーブランドを起業したのでしょう？　国際協力

エシカル・ダイヤモンドを使用したHASUNAの結婚指輪、婚約指輪

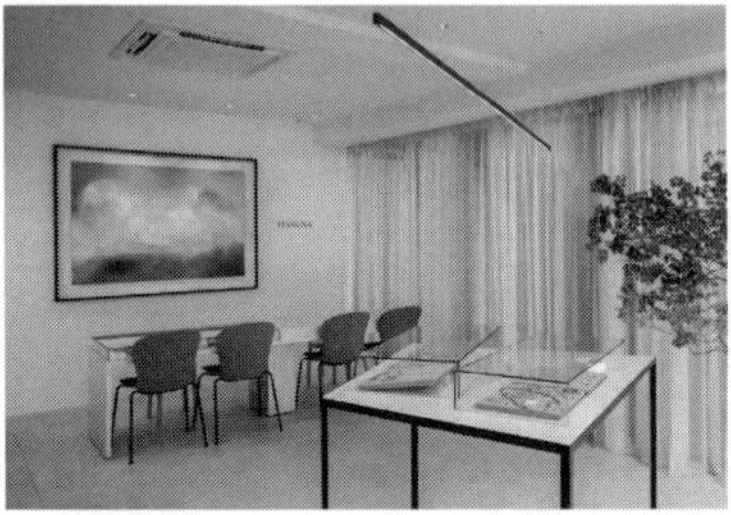

2019年に新装開店した表参道のHASUNA店舗

の世界から、ジュエリーブランドとは大幅な路線変更に思えますよね。

じつは、国際協力とジュエリーの世界は、大きく離れているわけではなく、しっかりと繋《つな》がっているのです。

ダイヤモンドやカラーストーンなどの宝石、金、プラチナなど、ジュエリーに使われている素材の多くが、いわゆる発展途上国で採掘・研磨されています。採掘には鉱山労働者が、宝石を研磨するには研磨職人が必要ですが、いくつかの国では採掘のさいに子どもたちが働かされていたり、強制労働、低賃金労働など貧困問題、また採掘のさいの化学物質使用による土壌汚染、環境問題、それに伴う近隣住民の健康被害など、問題の温床になっていることもあるのです。

美しいジュエリーの裏側で起こっている悲しい出来事をなんとかできないだろうか。身につける人も、つくる人も、皆が笑顔になれる幸せなジュエリーを生み出すことはできないだろうか。貧困問題や環境問題にできる限りの配慮をした、安心して身につけられる美しいジュエリーがつくりたい。そして、このジュエリーブランドを通じて世界を変えてゆきたい――そんな熱い想いを胸に、二〇〇九年に起業しました。

貧困問題や環境問題に対してアクションを起こすのは、国際協力などの援助の世界だけではない。ビジネスや起業を通じてもできる、そして、世界も変えられる。そんなことを、この本を通じて多くの若い方々に伝えたいと考えています。わたしの経験が、これからの未来をつくる皆さんのお役に立てたら幸いです。

第1章　起業を志すまで

ファッションに憧れた子ども時代

一九八一年、夏の終わりの暑い日に、緑豊かな鹿児島の田舎でわたしは生まれました。ファッションデザイナーをしていた母と、繊維関係の商社で働く父のあいだに生まれ、その後、父の実家のある愛知県一宮《いちのみや》市で育ちました。一宮市は繊維産業で栄えた町で、家のまわりには機織り工場や紡績工場が並び、幼いころから工場からの織機の音を聴きながら、ファッションの世界が身近にある環境で育ちました。

一人っ子だったこともあり、大勢で遊ぶよりも一人で遊ぶのが好きな子どもでした。自分の部屋で絵を描いたり、漫画や本を読んだり、ゲームをしたり。洋服やアクセサリーづくりをして一日過ごす日も多くありました。休みの日は父と岐阜に化石掘りに行ったり、海に行った日には貝殻を拾って穴をあけ、それをネックレスにするなど自然のものでアクセサリーのデザインをしてみることもありました。

母親はわたしが生まれてからはファッションデザイナーの仕事は辞めていたものの、家で母やわたしの洋服をデザインしてつくっていたので、母の描くデザイン画を見ることやミシンを動かして洋服制作をする過程を見ることも日常の一コマでした。母に言わせれば、わたしはおもちゃ売場に行くよりも、名古屋の大塚屋（手芸用品店）の端切れコーナーに行くほうが目がらんらんと輝く子どもだったそうです。小学生の時のクラブ活動は手芸部。暑い夏の日の放課後に、プールで遊ぶ他のクラスメイトたちを横目に見ながら、フエルト素材で小物をせっせとつくっていたことはいい思い出です。実家に帰ると当時制作したぬいぐるみやキーホルダー、ビーズ細工がいまでも母の部屋に飾ってあります。

そんな子ども時代だったので、高校時代、進路選択をするタイミングで、必然的にファッションの世界で働くことを考えていました。ですが、両親ともにファッションの仕事には反対。「きらびやかに見えるが、どこで働いても給与が低くとても苦労する環境だから」「自分が好きな洋服ばかりがつくれるような甘い世界ではないからやめておきなさい」などと猛反対され、わたしは夢の行き場を失ってしまいました。いま思うと幼いころからの長年の夢が壊れた、ちょっとした挫折経験かもしれません。

もっとも、ただ挫折した、というよりは、反対を押しのけてまでわたしがやりたいことなのかと自問自答したときに、たしかにファッションは趣味でいいのかもしれない、他の世界も見てみようかと、親の意見も聞きつつ冷静に現実を考えたのも事実です。とはいえ他にやりたいことがわからず、しばらく道に迷っていましたが、一緒に住んでいた祖父のひとことで変化が起きました。祖父曰《いわ》く、「日本は女性にとって生きづらい国だ。就職してもお茶汲《く》みしかさせてもらえない。結婚すれば家の言いなり。夏子は海外に行ったほうがいい」

祖父は海外旅行が趣味で、戦争経験者でもあり、さまざまな国に足を運んでいました。そして起業家として薬局や能楽の教室、催眠術師の資格も取り、催眠治療も行うなど、手に職をつけながら複数のスモールビジネスを営んでいました。一緒に住む唯一の孫としてわたしは幼いころからとても可愛がられていたので、なんとか女性として生きづらくない世界に出したかったのだと思います。諸外国で女性が活躍している事例を実際に見てきた祖父であるからこそ、この日本で女性がいかに生きづらい状況にあるかを察していて、女性として生まれた孫がこの先差別を受ける可能性があることを心配していたのでしょう。

祖父のそんなひとことから世界に出ることに興味が湧き、海外で勉強することが現実のものとなっていきました。将来的に、さまざまな国を自由に飛び回るような仕事ができたらと自分の姿を想像するようになったのもこのころからです。この時、わたしはすでに高校三年生。大学進学のための受験勉強をする友人たちを横に、わたしは学校帰りに名古屋の国際センターに通い、留学を志す人のための情報収集をし、ブリティッシュ・カウンシルに通うなどして留学準備を開始しました。

高校三年生で海外の大学留学の準備をするには時間が足りないと判断し、一旦名古屋市にある南山短期大学に進学。短大に通いながら留学準備を進めるなかで、人生を変える衝撃的な出来事がありました。

国際協力に目をひらかれる

短大に入学して二カ月ほど経ったある日、フォトジャーナリストの桃井和馬さんが短大に講演に来られ、話を聴く機会がありました。桃井さんは、アフリカやアジア、中南米における貧困問題や環境問題、紛争、飢餓など、この世界で起きているさまざまな社会課題を写真に収め、社会派フォトジャーナリストとして活躍されている方です。飢餓に苦しむ大きなお腹をしたエチオピアの子ども、インドネシアのジャングルから檻《おり》に入れられて密輸されるオランウータン、中東で起きている紛争のさなか、銃を抱える兵士たち。そんな写真を通じて桃井さんはわたしたちに実際に見てきた現実をお話しされていました。魂を揺さぶられるほど美しい構図で表現された、心をえぐられるような現実の写真たちに魅入っていたその時、衝撃的なひとことを耳にします。

この世界は、いますぐ一人ひとりが動き出さなければ破滅してしまう。

桃井さんから発せられたこのひとことで、わたしは雷に打たれた感覚に陥りました。そうか、そうだよな。それが現実なんだ。いままでわたしは何をしていたんだろう。何不自由なく三食たべて、家もあって、好きな洋服やアクセサリーをつくって。苦しんでいる子どもや消えゆく自然のために、起きている悲しい現実に対して何ひとつ行動できていない自分って、どうなんだろう？　と、反省する気持ちでいっぱいになり、胸のざわめきが抑えられなくなったのです。

そこからわたしは国際協力の道を志すことになります。世界を救いたい、世界のために自分の命を使いたい。困っている子どもたちや環境問題を、自分の力を使ってなんとかしたい。せっかく留学してまで学ぶ機会を与えられるのだから、そこで世界の社会課題を学んで、この世界をすこしでも良い方向に向けられる人間になろう。

そうしてわたしは留学先で国際開発学を学び、国際協力の仕事に就くことに決めて、国連職員や途上国開発従事者を多数教員・卒業生にもつイギリスのロンドン大学に進学しました。もともと留学を志した時点では、じつはアメリカ東海岸の大学へ行くことにしていたのですが、ちょうどこの時、二〇〇一年九月の米同時多発テロが起きたことから、アメリカ行きを断念し、願書の出願直前になってイギリスへの留学に変更しています。すでに行きたいアメリカの大学を決めていたので一時はどうしようか慌てましたが、結果的に、アフリカにもアジアにも近いイギリスを選んだことで、留学してからも現場を見に行ける機会が多くありましたし、ヨーロッパ、アフリカ、アジアから学びに来る学生も多く、いい意味でアメリカを客観的に見ることができ、アメリカに行っていたら得ることができなかったレアな経験を積むことができました。決めていたことが突然の出来事で大きく変わってしまうこと、それをチャンスに変えていくことも大事ですね。

貧困の現場、アウトカーストの村へ

大学に入学して一年目。想定外に訛《なま》りの強い先生たちの英語と、大量の読書課題に泣きながら苦労しつつも、自分の学びたいことを学べている高揚感のなか、「やはり現場を見なければ」と発展途上国で起きている貧困問題の現場を見に行くことにします。

一年生の夏休み、厳しい進学試験を無事終えた後、南インドのチェンナイに一人渡航しました。大学の先生の紹介で、ある人道支援のNGO（Non-Governmental Organization・国際協力ボランティア団体などの非政府組織のこと）でインターンとして滞在させてもらえることになったのです。初めてのインド、学業のかたわらアルバイトで稼いだなけなしのお金で一番安い航空券をとったため、スリランカのコロンボ空港で一〇時間以

インドの村にて

上トランジットすることになり、空港のパイプ椅子で仮眠し、ヘトヘトになりながら南インド、チェンナイの空港に到着。スパイスの香り立ち込める蒸し暑い空港を出た瞬間、群がる物乞いと野良犬と、タクシーの客引きの怒号のような声と視線にもみくちゃにされながら、滞在先のＮＧＯ団体の人と無事合流。一泊数百円の薄暗い安宿に泊まり、バスを乗り継いで数時間、アウトカーストと呼ばれる被差別部落の人たちの村に二カ月間、滞在しました。

滞在中、ＮＧＯで働くソーシャルワーカー（生活相談員）とともに大小さまざまな村をまわりました。働きたくても仕事がまったくないと嘆く人や、農業の奴隷として働く人がいたり、シェルターで暮らすＤＶ被害者や寺院娼婦《しょうふ》だった女性たちがいたりと、アウトカーストとひと言でいっても住む人の境遇や村の状況は多岐にわたっていました。モンスーンの時期が遅れて、連日熱波が吹く四〇度を超えるような暑さのなか、クーラーもなく立っているだけで体力を奪われて、意識を朦朧《もうろう》とさせながら、砂漠に近い干上がった農地をひたすら歩きまわり、村の人びとの悩みを聞いてまわる日々。体力はきつかったですが、そこで見聞きした生々しい現実は大学の授業では絶対に学べないとても貴重なものでした。

　村から村へと渡り歩くとある日、鉱山労働者の住む村に連れて行ってもらいました。その村では子どもから大人まで、皆早朝から夜暗くなるまで鉱山で採掘、採石をし、働いていました。話を聞くと、子どもは学校に行っていない、学校を卒業して、たとえ成績優秀で奨学金をとり、高校や大学まで出ることができても結局他に仕事がなく、鉱山に戻ってくるだけで、行く意味がないから行かせない。賃金はほとんどもらえず食事は一日一食の日もある。逃げ出したくても、自分が逃げ出したら他の村人に罰が与えられる仕組みになっているので逃げられない。行く先も、逃げるお金もない。電気もガスもトイレもなく、酷暑のなか、素手で石を拾い、素足にサンダルで鉱山に入らねばならないのですぐに怪我をする。怪我をしても、骨を折っても病院に行くお金もない、薬も買えない。そんなことを暗い表情で語る村人たち。

採石場で子どもが骨を折ってしまい、病院へ行けなかったのでそのまま骨がくっついてしまい、折れ曲がったまま生活をしているんだ、と自分の子どもを見せに連れてきたお父さんもいました。また、住む場所も定められているが、その土地には有毒な物質が土のなかにあるため、そのせいで赤ちゃんが生まれてもすぐに死んでしまった、と泣きながら話すお母さんもいました。こんな話を毎日のように聞く日々で、「あなたは日本人でしょ。お金もっているんならすこしでも置いていって欲しい」と懇願されることもありました。何もできない、お金もインドに滞在するだけのわずかなお金しかない、何の影響力ももたない自分があまりにもふがいなく、目の前の人たちを救うことすらできないわたしは、何のために生まれてきたのだろう、と心から情けなくなり、落ち込みもやもやとした気持ちで毎日を過ごすこととなりました。世界を変えられるかもしれないと考えたことをおこがましいとも思いましたし、結局現実を知れば知るほど、自分は本

インド山村で鉱山を案内してくれた老人

当に何もできない人間であることを思い知らされ、とても辛い気持ちになり、しまいにはどんなことを聞いても、どんな現実を見ても感情をもたないようにしなければ毎日過ごしていられないほどでした。また、暑さと毎日のスパイスたっぷりの辛い食事と、とある家で振る舞われたギー（ヨーグルトのような発酵食品）で食中毒になって体調を崩し、村人に迷惑をかけてしまう有様。朦朧とする意識のなか、自分という人間は結局何者でもない小さな人間で、世界を何ひとつ変えられないんだと思い知らされ、これからどうしていったらいいのだろうともやもやとした気持ちでインドを後にします。

ベトナムの鞄づくりと、搾取を生まない新しい資本主義

その後、ロンドンに戻り大学で鉱山労働の現実について調べていくと、わたしが見てきたような鉱山労働の現実はインドだけの話ではなく、東南アジアのフィリピンやインドネシア、ペルーやコロンビアなどの南米諸国、アフリカ大陸の国々でも起こっていることであると知り、何もできない自分であるかもしれないが、何もしないよりはずっとましだと自分を奮い立たせ、国連での実務経験を重ねるために大学卒業後にベトナムに渡ります。

ベトナムでは、UNFPA（国連人口基金）とアジア開発銀行研究所での合計六カ月間をインターンとして働きました。ベトナム滞在中は、積極的に国連の他の機関で働く職員の方の話を聞きに行ったり、各国大使館の職員の方々や青年海外協力隊として働いている方、そのほかにもできる限り社会人と会ってキャリアの相談をしていました。ベトナムに渡った当初はインターンを終えたら大学院に戻り、研究を続ける予定だったの

ですが、この時にもわたしの人生を変える出来事があり、日本に帰る選択をしました。

インターンの仕事が休みの日に、ハノイ中心部にあるお気に入りの鞄《かばん》屋さんを見ていた時のこと。わたしが訪れていたのはビーズの刺繍《ししゅう》がとても素敵なイパニマという鞄ブランドで、このブランドの創業者である香港人のクリスティーナがたまたま店舗に来てスタッフと楽しそうに会話をしている場面に遭遇しました。クリスティーナをはじめとして、素敵なデザインの洋服に身を包み、華やかでお洒落《しゃれ》な空間で可愛い鞄に囲まれておしゃべりをしている女性たちの姿が皆とても楽しそうで、自分が幼いころ憧れていたファッションの世界を思い起こさせるような光景でした。

ベトナムでのインターンシップ

このブランドのことを調べていくうちに、刺繍をしているのは手先の器用なベトナムの女性たちであることを知りました。女性に雇用を生み出し、国際協力と銘打ってはいないながらも、皆で良いものをつくり上げているその姿に感動すら覚えました。いままでは、国連やNGOやNPO（Nonprofit Organization・非営利団体）など、いわゆる国際協力の世界でしか貧困問題や環境問題を解決することはできないと思い込んでいたけれど、もしかしたらこのクリスティーナたちが実現させている世界も、れっきとした国際協力と言えるのではないか？　手先が器用なベトナムの女性たちの能力を最大限に引き出し、ここでしか制作できないものを、皆で創造する。小さな規模かもしれないけれど、何人かの生活の糧になり、ここで美しいものを生み出すことが誇りにもなっているように見える。それに加えて、国際協力の世界でわたしが疑問に感じていたこと――国際協力する側（与える人）と国際協力される側（受け取る人）の構図がはっきりあることで、国際協力依存になってしまうことが、こうしたビジネスの世界にはないのではないか？パートナーとして一緒に美しいものをつくり上げることで、一緒に肩を並べて良い世界を創造していくことができるのかもしれない。これまで国際協力の研究のさなかでは、ビジネスの世界＝資本主義は悪で、これが貧困や環境問題などの弊害の原因となってきたと説明されることが多かったけれど、目の前にあるこのビジネスは、決して搾取が生まれるような資本主義ではなくて、共に良いものを生み出せる資本主義で、こんな姿をつくり出せるのであれば、ビジネスって素晴らしいものなのかもしれない。これに気づいたわたしは、一気に新しい資本主義の姿をつくり出せるようなビジネスを考えたいと、自分の想いが転換してゆきました。

金融ビジネスの中心に飛び込む

ただ、わたしはこれまで資本主義は悪で、資本家が買い叩《たた》いて搾取して、末端にいる人たちが貧困状態に陥っていて……という負の側面しか学んでいないことに気づき、一度こうした考えを冷静に見詰めてみたいと、その中心へ足を踏み入れてみることにしました。資本主義といえば金融業界だろう、と金融の会社への就職を考え、インターンを終えた後は東京へ移りました。

東京での数カ月間の就職活動の後、当時千代田区霞が関《かすみがせき》にあった投資ファンド事業会社で働きはじめました。わたしが就職したのが二〇〇六年で、世の中はリーマン・ショック直前。投資ファンドのビジネスが世界的に注目され、業績がうなぎ登りの会社で、入社間もない時から即戦力として現場に入り、激務の日々が始まりました。朝は始発の電車に乗り、終電で帰ることができればまだ良いほう。夜中の三時に会社を出てタクシーで帰宅、シャワーを浴びて仮眠してまた出社というスケジュール。もちろん土日も出勤して、週七日働く日々が続きました。わたしが関わっていたのは海外の証券取引所に上場させるための不動産投資ファンドの立ち上げ準備で、オーストラリアなどから日本に滞在する投資家を案内したり、投資家向けの資金調達資料作成をする日々でした。結果にもプロセスにも厳しい上司たちの下でしごかれたのは、大変貴重な経験となりました。いまでは考えられないような厳しさのある長時間の労働環境で、身も心もすり減らしながら仕事に従事していましたが、入社した二年後の二〇〇八年、リーマン・ショックが起き、その状況が一変。わたしが関わっていたプロジェクトも頓挫することになり、ファンド会計の部署へ異動してバックオフィス業務（事務・会計などを担う業務）をする日々になりました。

これを機に、それまでのような早朝から深夜まで働く生活ではなくなり、定時で仕事を切り上げられたり、土日も休むことができるようになったことから、鉱山労働の実態をあらためて調べる時間ができました。調べ始めると、学生時代よりももっとインターネット上に情報が出てきていて、鉱山での労働の実態がより調べやすいものになっていることに気づきました。ILO（国際労働機関）のリサーチによると、当時一九九九年のデータでは世界中で鉱山労働に従事する子どもは百万人、強制労働をしている大人も数千万人いるだろうと推計されていました。場所もインドだけでなく、アフリカや中南米、ダイヤモンドなどの採掘権を巡って紛争に巻き込まれる人や少年兵もいるということを知りました。また、金の鉱山では精製のさいに使用される水銀や化学薬品が適切に扱われていないがために、鉱山周辺に住む人は神経系の疾患その他の病気を抱えていることが、深刻な問題になっていることもわかりました。南米には鉱山の採掘をするために住居を奪われた先住民族がいることも知りました。

はたして、これを知っている人はどれだけいるのだろう？　わたしが好きなファッションやジュエリーの業界で、この事実を認識している人はどれだけいるのだろう？　調べても、調べてもこのような鉱山で起こっている問題に対してアクションを起こしている会社や団体は出てこない。これは放っておいて良いのだろうか？　この状況を変えるには、どうしたら良いのだろうと、真剣に考えました。そしてわたしが行き着いた答えが「ファッションやジュエリーの業界を変え、資本主義の仕組みに変革をもたらすしかない」という答えでした。

さまざまなビジネスモデルを考えましたが、結果的に自分でジュエリーブランドをつくり、自分が正しいと思えるやり方でジュエリーを生み出して、エシカル（＝倫理的な、道徳的な）な方法でジュエリーがつくれるんだ！　と業界の人たちに知らせることができれば何かが変わるんじゃないか？　そこから世界を変えられるかもしれない！　そんな熱い志をもち、会社で働きながら、ジュエリーブランドＨＡＳＵＮＡの立ち上げ準備を開始します。

ジュエリーで世界を変える！

会社が終わったらジュエリーの学校に通い、土日の時間もサンプル制作や素材の調達ルートの開拓に奔走します。しかし、物事はそんなに簡単ではなく、どの宝石屋さんに行っても出自の明らかな宝石はほとんど見つかりませんでした。「この石はどこから来たんですか？」と店頭で聞いても答えられる人がいない。なぜそんなこと聞くの？　と不思議そうな顔をされる。

ジュエリーの業界では、鉱山から市場で取引されるまで、何人・何社もの仲介業者が入り、産地や誰が取引に携わったのかがわからない石がほとんどだったのです。まさに流通経路がブラックボックス化されてしまい、トレーサビリティ（取引の透明性）が確保された素材を見つけるのは至難の技でした。

一般的な宝石屋で見つからないならば、自分で取引をするのみ、と、留学時代や国連インターンをしていた時の友人知人、JICA（国際協力機構）の青年海外協力隊の方々を辿《たど》り、流通経路のわかる宝石や、職人、鉱山の情報があれば、どんな小さな情報でもいいから欲しいと手当たり次第にメールやメッセージを打ちました。「エシカルなジュエリーブランドをつくろうとしているのですが、鉱山で働く人や宝石関係の職人を知っている人がいたら教えて欲しい！」と、思いつく限りのSNSにも書き込みました。

こんなかたちでさまざまなところで発信を続けたところ、ひとつ、またひとつと情報が入ってくるようになりました。はじめに取引をしたのはカナダのダイヤモンドでした。勉強のためにアメリカのNGOルーム・トゥ・リード（Room to Read）創業者のジョン・ウッド氏の来日講演会に出席したさい、最後の質疑応答の時間で「日本ではじめてエシカル・ジュエリーをつくろうとしているのですが、アドバイスをください」と皆の前で質問を投げかけたところ、近くに座っていた女性が「じつはダイヤモンドが紛争に関わっていると聞いて怖くて買えなくて。今度結婚をするので、ぜひ安全なダイヤモンドで指輪をつくってもらいたいです！」と話しかけてくれたのです。

当時のわたしはつくれる確証もなかったのですが、探してみます！　と二つ返事でお答えし、すぐに知り合いのダイヤモンドディーラーに問い合わせをしました。すると残念ながらディーラーは産地のわかるダイヤモンドは取り扱っておらず「産地がわかるダイヤモンドなんて誰が興味をもつの？　仕入れはどんな人でも絶対に無理だよ」と言われてしまいました。しかし、あきらめずにインターネットでダイヤモンドを探したところ、カナダ政府の認証がついた、自然環境や付近の先住民族の生活に配慮して採掘されたダイヤモンドを販売している業者さんを見つけることができました。

すぐに連絡を取り、一粒だけ仕入れてみました。銀行で海外送金の手続きをし、一粒で一〇万円以上する大きな買い物だったので、途中で無くなったりしたらどうしようとドキドキしながら到着を待つと、思いのほかスムーズに、送金から一週間も経たないうちにFedexで届きました。ドキドキしながらFedexの箱を開け、小さな薄いブルーの紙に包まれて届いたダイヤモンドを手にし、カナダの大自然と澄んだ空気をたたえたような、ほんのり暖かみさえも感じられるその美しさに心の底から感動したのを覚えています。自分で描いたデザイン画とともに東京の下町のジュエリー職人さんにダイヤモンドをお渡しし、数週間後に仕上がってきた婚約指輪。お客様は泣くほど喜んでくださり、本当に良かったと嬉《うれ》しい気持ちでいっぱいになりました。

立ち上げに向けて

そこから中米のベリーズという小さな国の職人さんが研磨する貝殻や、パキスタンの山奥で女性たちが研磨するアクアマリンやトパーズ、ペルーの山奥で採掘・精製される金など、ひとつ、またひとつと素材の情報があつまり、情報が来ては現地に飛ぶのをくりかえし、すこしずつ素材の仕入れがはじまりました。こんなふうにして文章化するととてもスムーズに素材の仕入れ先の開拓ができたように聞こえるかもしれませんが、素材の仕入れにかんしてはこれまでもっとも苦労したことで、創業後数年間は、少ない情報のなかから細い糸を手繰り寄せるような感覚で開拓してゆきました。

まず、そもそも宝飾業界では一般的に宝石の仕入れルートは人づてで行っていて、何年もかけて構築した人間関係の信用のなかで良い取引ができることが多く、インターネット上で簡単に探して取引ができるものではありませんでした。取引の実績や期間が短いうちは、質のよくない宝石を売り付けられてしまったり、偽物の石が混在していることもあります。ジュエリーの会社で働いたこともなければ、業界の常識も何もわからなかったので、情報を取りに行くこと自体が困難を極めた立ち上げになりました。いま思うと数カ月だけでも他のジュエリー制作の会社やブランドで修行を

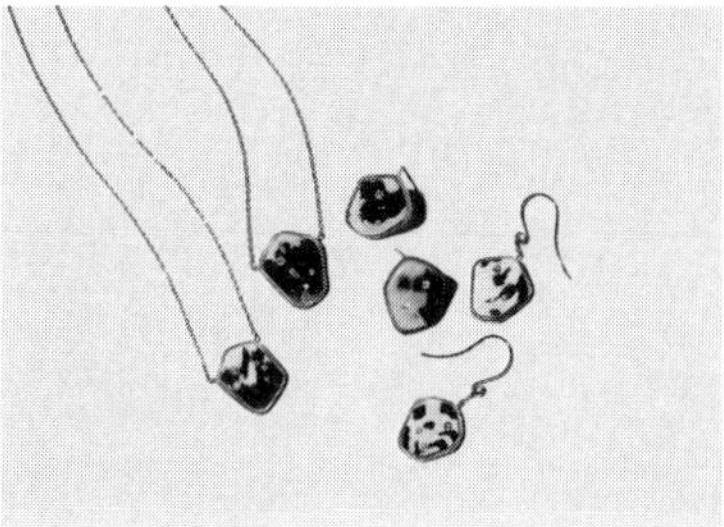

ベリーズでとれるウィルクス貝を使ったHASUNAのコレクション“l'unique”

すればもっとスムーズに初期の商品開発ができたのかなと思いますが、当時は自分で早く立ち上げたい気持ちで一杯で、そこまで頭が回らず、時間もなかったのが現実です。

　また、取引自体が素人には困難なスタートであることに加えて、宝石取引の現場は危険な場所にあることが少なくありません。たとえば二〇一二年に初めて渡航し、取引を開始したパキスタンでは、とくに地方で女性が差別されている地域がありました。とある村では女性はブルカと呼ばれる黒い布を頭から被り、頭部だけでなく全身を真っ黒な布で覆わねばならず、基本的に外出を禁じられ、男性に逆らうと硫酸を顔にひっかけられ顔を潰されるという虐待が行われている場所もあります。二〇一四年に一七歳でノー

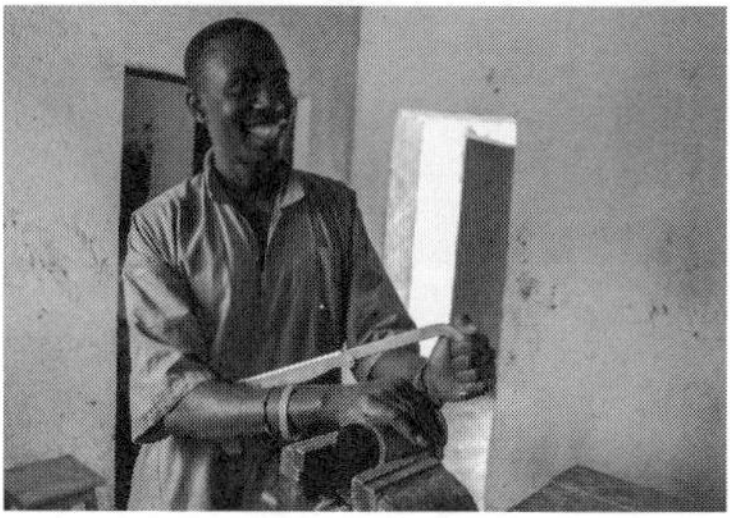

ルワンダでとれる牛の角。角の研磨工場は、紛争の影響でストリートチルドレンとして生きてきた若者たちの活躍の場として設立された

ベル平和賞を受賞したマララ・ユスフザイさんも、学生時代から女性の人権活動をしていたことからスクールバスで銃撃に遭いましたが、こうした事件も起きているため、パキスタンの女性差別は世界的にも知られています。

取引をはじめた地域は首都のイスラマバードから車で一六時間かけて北上した、アフガニスタンと中国の国境地帯にある場所で、途中の小さな村に二泊しつつ移動します。車で村を走っている時や、宿に宿泊している時も、見知らぬ男性が近づいてきて硫酸をかけられたらどうしよう、とか、銃撃されるかもしれないと常に危険を感じながらの行動となりました。実際に、外国人がそのような被害に遭うことは稀《まれ》ですが、いざ男性しか外に出ていない集落を目の前にすると、最悪の出来事を想定してしまいます。また、わたしが鉱山と研磨工場に滞在していたほんの一週間の間でも、遠くない村のモスクでお祈りの時間に過激派による自爆テロが起きたこともあり、最後まで緊張感の漂う滞在になりました。

ただ、実際に取引を行う場所はテロとは無縁の、この世のものとは思えないほどに美しい自然豊かな山村地帯で、採掘場で働く山岳民族の方々や、研磨工場で働く女性たちはとても素敵な人たちです。工場を運営するNGO団体の代表も、情熱をもってパキスタンの鉱山労働者や女性たちの雇用創出にかんして尽力されており、一人ひとりと言葉を交わし、交流をする度に癒され勇気づけられ、この宝石を必ず素敵なジュエリーに仕上げて日本のお客様にお渡しするんだ、と決意が新たになる瞬間でもありました。

各国取引の現場での出来事は、拙著『世界と、いっしょに輝く』（ナナロク社、二〇一

パキスタンにて

三年）と『女《じぶん》を磨く言葉の宝石』（かんき出版、二〇一四年）を読んでいただけると幸いです。どの国での出来事もとても印象深く、宝石取引の一つひとつに彩り豊かな思い出があります。

話は金融の会社で働いていたころに戻ります。働きながら約一年間の準備期間を経て会社を辞め、二〇〇九年四月に株式会社化しましたが、創業後間もなく資金不足に陥りました。資金繰りをふくめた事業計画は立ててはいたものの、仕入れやホームページの制作などで予想以上に初期の資金が出て行ってしまい、オンラインショップを立ち上げたからといってすぐに売上が立つわけでもありませんでした。ジュエリーは実際のものがなければ売れませんし、ましてや百貨店やセレクトショップへの営業もできま

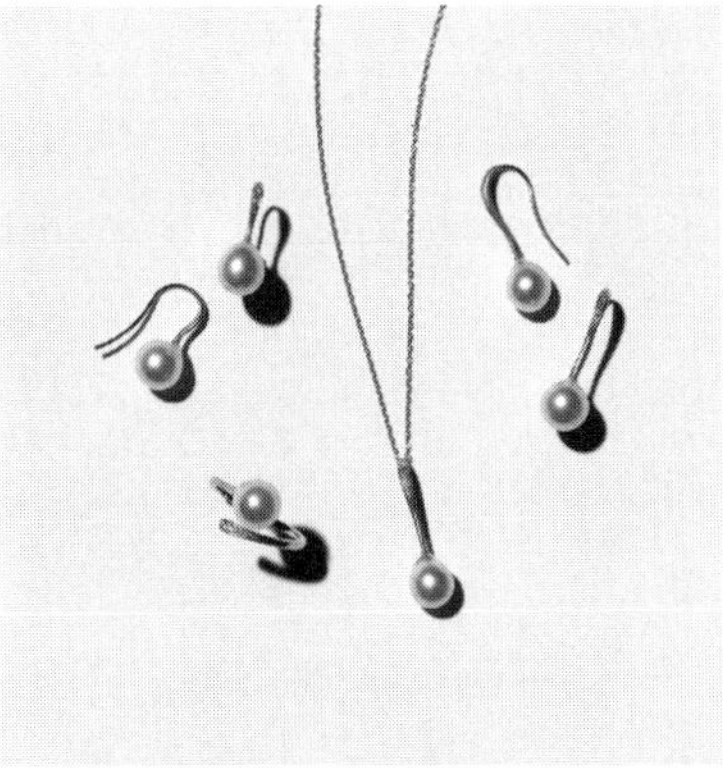

近年HASUNAでは日本のエシカルなジュエリー素材に着目し、養殖場の生態系など環境に配慮をした愛媛県西予市の真珠を取り扱い、日本の職人が仕上げるMade in Japanのプロダクトを制作している。日本発のジュエリーブランドとして日本の伝統工芸や職人技術の継承に貢献するという想いを込める

せん。素材の仕入れをし、制作、営業、販売まで短くても三カ月、長い時だと半年以上の時間がかかることもあり、お金ばかりが先に出ていきます。創業前にもジュエリーの学校へ通ったり、さまざまな国へ行って仕入れをしていたため手持ち資金が少なくなり、銀行からの借り入れもできない状態でした。事業計画を手に銀行へ融資の相談に行きましたが、リーマン・ショック後で宝飾や小売業界の他社の売上が軒並み落ちていたことや、倒産が相次いでいたことも重なり「この起業はあなたの身の丈に合っていない」と諭されて、愕然《がくぜん》としたこともありました。銀行の融資には頼れないことがわかり、それから株式を発行し、まわりの友人や知人から出資というかたちで資金集めを開始します。一カ月間で六〇〇万円を集め、素材仕入れやサンプル制作のための資金に使い、創業から半年後にようやくセレクトショップや百貨店に出店することができ、売上が立つようになりました。こんな行き当たりばったりの一年目で、初期は赤字が続きましたが、二年目からは黒字化させることができ、すこしずつではありますが売上を伸ばしていきました。

また、設立当初は「エシカル（ethical）」という、当時誰も使っていなかった新しい

キーワードを使い、エシカル・ジュエリーHASUNAと謳《うた》っていました。わたしが実現したい、つくる人も身に付ける人も皆が幸せであるジュエリーをどのような言葉で表現したら良いかを考えるなかで、「エシカル」という言葉がふさわしいと考えたからです。エシカルとは「倫理的な、道徳的な」という意味で、人と社会と自然環境に配慮をした消費活動を「エシカル消費」と、欧州を中心に謳われていました。このような配慮がなされた洋服をエシカル・ファッションと呼び、また、同じように人や社会、自然環境に配慮をして生産されたジュエリーをエシカル・ジュエリーと呼ぶブランドがイギリスやカナダを中心とした海外ではよく見られました。これについては次章以降でくわしく説明をします。

設立してからこの「エシカル」という言葉も徐々に注目されるようになり、新聞や雑誌をはじめメディアで取り上げられる機会も増え、お客様から「こんなジュエリーが欲しかったんです！」と感謝の言葉をいただくようにもなりました。宝石の仕入れ先もさまざまな国を巡るなかですこしずつ増え、いまでは国内外含めて十カ所以上の生産者と取引し、品質の高いジュエリーが制作できるようになりました。

ジュエリーをつくって販売するだけでなく、わたし自身は業界を変化させてゆくためさまざまなアクションを起こしました。現状を知ってもらうための写真展や講演活動を行い、エシカルというキーワードがまだ日本になかったころから積極的に取材をしてもらい、コラムを書き、世界経済フォーラムがスイスで毎年開催するダボス会議や各国リーダーが集まる国際会議に参加し、この概念をひろめてゆきました。二〇一四年には、世界でもっとも信頼されているエシカル・ジュエリーの国際認証RJC（Responsible Jewellery Council・責任あるジュエリー協議会）を日本で初めて取得、会社としても日経ビジネス「日本を救う次世代ベンチャー100」に選出（二〇一二年）されたりと、ジュエリービジネスを通じた新たな取り組みや、既得権益が強いとされている業界で、トレーサビリティを確保しながら取引をする革新的な取り組みが評価されてゆきました。

創業してからしばらくは、日本ではエシカルという言葉は誰も知らない状態でしたが、徐々にファッション業界から浸透しはじめ、東日本大震災をきっかけに「エシカル消費」という言葉が日本にも広まってゆきました。エシカル推進協議会、エシカルファッションカレッジなど、エシカルなものづくりやエシカル消費の概念を広めるための団体も次々と立ち上がり、アクティビストも増えていきました。また、二〇一六年頃からはESG（Environment, Social, Governance・環境、社会、企業統治《ガバナンス》を意識した）投資やSDGs（Sustainable Development Goals・持続可能な開発目標）などが国際的に重要視されるようになり、日本国内でもサスティナビリティ（持続可能性）、トレーサビリティなどに大企業も積極的に取り組むようになりました。

エシカル、サスティナビリティ、トレーサビリティなど、わたしが創業したころは誰も口にしなかった言葉です。ファッション業界、ジュエリー業界は今日ではこの言葉を聞かない日はないというほど、大きく変化したことをこの一〇年で実感しています。

第2章　エシカル・ファッションの時代と世界の歴史

この本を手に取る多くの読者の方が、ミレニアル世代またはジェネレーションZと呼ばれる世代の方であるかと思います。世代の考え方は諸説ありますが、ミレニアル世代は一九八〇年から二〇〇〇年のあいだに生まれた人のことを指し、ジェネレーションZは二〇〇〇年から二〇一〇年までに生まれた世代の人たちのことです。

わたし自身一九八一年生まれですので、ぎりぎりミレニアル世代に入る年代です。同世代の起業家に共通しているのは、お金儲《もう》けを中心としてビジネスを組み立てるのではなく、「社会起業家」として社会を変化させることに重きをおく人が多いことがあげられます。また、社会起業家として名乗っていなくても、起業をするときにこの世界をどう良くしたいか、事業を通じてどんな課題解決をしたいのかを真剣に考える人が多いと感じています。また、比較的若いミレニアル世代やジェネレーションZ世代の人たちは、エシカルやサスティナビリティにかんして当たり前のように高い意識をもっていることが世代間の意識調査によりわかっています。社会のためというよりもお金儲けを中心に、いかに利益を上げるかを考えてビジネスを展開するのが当然のことだった一世代前と比べると、大きな意識の変化がこの間に起きていることがわかります。

少子高齢化の進む日本ではミレニアル世代やジェネレーションZはマイノリティとして扱われがちですが、いざ日本の外に目を向けると、二〇二〇年にはアメリカではミレニアル世代が労働力人口（一六歳以上の就業者と完全失業者を合わせた数）の三分の一以上を占め、二〇三〇年にはミレニアル世代が世界の労働力人口の七五％を占めると推測されています。続くジェネレーションZ世代を含めると、世界の労働力人口の大多数をこの二つの世代が占める計算になります。労働力人口は、ものやサービスを消費する人口でもありますので、これからの時代は、この世代の消費傾向、どんなことに興味があり、何にお金を使うのかをしっかり捉えていくことがビジネスの成功の鍵なのです。

ファストファッションの衝撃

ところで皆さんは、ファストファッションは好きですか？　ファストファッションとは、低価格で、流行《はや》りをおさえていて、短いサイクルのなかで大量生産、大量消費をするファッションのことを総称したものです。東京ですと、原宿や渋谷近辺にはこのファストファッションのお店がたくさんあるので、皆さんも一度は手にとったことがあるかもしれません。デニムが一本一〇〇〇円台で販売されていたり、Tシャツも一〇〇〇円以下のものもあります。なぜこんなにも安いのか、皆さんはその理由を考えたことはありますか?

ファストファッションのタグを見てみると、「made in Bangladesh」や「made in Vietnam」という文字が並んでいますが、生産地のほとんどが、発展途上国と呼ばれる人件費の安い国であることがわかります。たとえば日本の平均年収が四〇〇万円台であるところ、バングラデシュの平均年収は二〇万円前後(二〇一六年、独立行政法人国際協力機構、バングラデシュ事務所調べ)と、こうした国の労働力は先進国に比べてひじょうに安いのです。先進国の洋服メーカーは、このような労働力の安い国の工場で生産することで原価をおさえ、それによって安く洋服を仕入れ、販売することができるのです。

安い労働力を使ってできるだけ安くものを仕入れて高く売る、その利ざやを儲けることで成り立っているのが資本主義です。買う人にとっても、つくる人にとっても適切にお金が循環していれば、皆幸せである状態がつくられるのですが、いわゆるファストファッションの世界では残念ながらそうはいかないことが起こっています。

ラナ・プラザの悲劇

二〇一三年四月、バングラデシュの首都ダッカ郊外の八階建ての縫製工場「ラナ・プラザ」が崩壊しました。犠牲になったのはこの縫製工場で働く人びと、その数は約一一三〇名、負傷者は二五〇〇名以上にものぼり、ファッション業界史上最悪の出来事としてニュースでも大々的に報道されました。建物は違法での増築がなされ、内部は劣悪な環境で働く労働者がひしめきあう状態で、欧米の衣料品ブランドであるマンゴやベネトンなど複数のブランドの下請けとなる縫製工場が入っていました。先進国のメーカーが、より安い労働力を求めた結果、末端の人びとにしわ寄せがいく悲劇となったのです。

このニュースは連日ＢＢＣやＣＮＮなどのテレビでも報道され、ファッション業界に衝撃を与えました。崩壊した瓦礫《がれき》の下から救助される人びとと、生産されている途中の

洋服が画面に大きく映し出され、『ザ・トゥルー・コスト――ファストファッション 真の代償』というタイトルの映画にもこの事件の様子が取り上げられました。わたしたちが購入する安いファストファッションが、このような犠牲のうえに成り立っているのであれば、その洋服を着る意味はどこにあるのかと、世界中の人びとが考えるきっかけにもなりました。

この事件によって、エシカルなファッションへの取り組みが世界的に加速することになりました。ヴィヴィアン・ウエストウッドやステラ・マッカートニーなどの海外ブランドをはじめとして、日本国内でもサスティナブルというキーワードを用いたファッションが注目を浴びるようになり、パリコレでの注目のキーワードとして「エシカル」や「サスティナブル」が見られるようにもなりました。

このようなエシカル消費の流れは、イギリスやドイツ、オランダを中心に高まりを見せ、エシカルであることが当たり前であり、教養のある人としてのひとつのたしなみであると捉えられるようになり、ハリウッドセレブのあいだでもひとつのステイタスともなっています。ファッションだけではなくジュエリー、化粧品、小物、車など、消費活動に関わるすべてにおいて、二〇〇〇年代から二〇二〇年にかけて世界的に大きな流れがあったと言えます。

搾取の世界的構造はどうして生み出されたか?

では、そもそもこの概念はどこから始まったのでしょうか？　世界の歴史から読み解いてゆきたいと思います。

時は遡って一五世紀半ばの大航海時代。ポルトガルとスペインを中心としたヨーロッパの探検家たちが貴族や資産家から資金を募り、新大陸や新たな領土、資源の発見・獲得に向けて旅立ちます。探検家たちはアフリカ、アジア、南北アメリカ大陸へと渡り、その発見に基づいて各国は領土を拡げ、スパイスや金銀などの資源を獲得してゆきます。奴隷貿易も始まり、金や銀の採掘においても現地の先住民に鉱山で採掘させ、自国に鉱物をもち帰るなどして、瞬く間にヨーロッパに世界中の富が集まるようになりました。

一八世紀にイギリスで産業革命が起こると、資本主義が世界中に広まってゆきました。産業革命は、もともとは蒸気機関や紡績機が改良されたことで木綿等を工場で大量生産できるようになったことからはじまりました。自らの資本や投資家、金融機関からお金を集め、そのお金を投じて工場を建て、木綿を生産する機械を購入し、労働者を雇用して大量生産を行い、そこから得た利益を再投資して事業拡大を図り、さらに資本を大きくしてゆくという資本主義の構造が出来上がりました。

植民地化によってアフリカ、アジア、中南米の資源の豊富な国を獲得した各国は、この資本主義の仕組みのなかで植民地において安い労働力を使って鉱物の採掘を行い、木綿を生産し、鉄道を敷き、運河をつくり、一九世紀には森林を伐採し、輸出用果物の大規模なプランテーションがつくられるようになり、資本主義の仕組みをベースとした取引が国際間で加速するようになりました。なお、各国の植民地への資本投下にかんしては、全体の資本投下割合からすると平均数パーセントと、低い水準であったようですが、森林伐採による環境汚染や低賃金労働による貧困、発展途上国のインフラ開発にかんする資金貸し付けによる負債の増加と、途上国側のダメージは大きく、結果として先進国と途上国の経済格差が拡がり、国際問題に発展してゆきます。

その後の反植民地運動や奴隷解放運動などにより、状況がすこしずつ改善されていく過程については皆さんも学ばれたかと思いますが、さらに一九六〇年代には、アメリカを中心として戦争や環境問題、発展途上国への搾取に反対する市民運動が高まってゆきました。そんななか、一九六二年にアメリカの生物学者のレイチェル・カーソンが『沈黙の春』を著し、農薬などの化学物質の危険性を告発、一九六九年には同じくアメリカの思想家のバックミンスター・フラーが『宇宙船地球号操縦マニュアル』を著します。バックミンスター・フラーはこの書籍のなかで地球を一つの宇宙船と見なし、化石燃料や鉱物資源には限りがあることを訴え、適切な資源の利用について唱えています。市民活動はここからさらに高まりを見せ、発展途上国の各種課題に対しても働きかける非政府組織（NGO団体等）が欧米で立ち上がり、戦後の復興活動をはじめとして、政府や国連だけでは手が回らない人権問題や医療、教育その他の分野にかんして支援が行われるようになりました。

また、イギリスでは雑誌『Ethical Consumer（エシカルコンシューマー＝エシカルな消費者）』が一九八九年に創刊されており、エシカル消費についての考察や、グローバル企業が人道的、環境的に配慮をして企業活動をしているかを調査し、公表をする動きが起こりました。『Ethical Consumer』の創刊は、南アフリカで行われていたアパルトヘイト（人種隔離政策）への反対運動がきっかけです。アパルトヘイト下の南アフリカで事業を行う企業の商品やサービスをボイコット（不買運動）する機運がイギリスを中心に高まり、この動きにより英バークレー銀行は南アフリカからの撤退を余儀なくされ、市場シェアの一五％から二〇％を失いました。アパルトヘイトだけでなく、ものづくりの過程で動物実験やエアゾールの使用をする会社をボイコットする動きなども盛んになりましたが、そのさいどの会社の商品やサービスをボイコットすべきかという基準を示した雑誌が『Ethical Consumer』だったのです。ですので、発展途上国での搾取にとどまらず、人種差別問題、動物虐待に繋《つな》がる動物実験など、倫理に反することに関与している会社を洗い出すことが目的でした。

『Ethical Consumer』の企業格付けの基準は以下の五項目に分けられ、各種企業への調査結果を掲載しています。

1　動物の権利――動物実験、畜産における環境、動物の権利と虐待

2　環境問題――環境にかんする報告書、気候変動にかんする取り組み、環境汚染・有害物質、生物の生息地と資源、ヤシ油の仕入れ環境

3　人権問題――基本的人権、労働者の人権、サプライチェーンマネジメント、不適切なマーケティング、武器輸出と軍事供給

4　政治参加――反社会的金融、ボイコットの呼びかけ、物議を醸すような技術の使用、政治的な活動、税務に関する調査

5　持続可能性――企業倫理、オーガニック製品、フェアトレード製品、再生可能エネルギーの使用、ビーガン、ベジタリアン製品におけるサスティナビリティ

『Ethical Consumer』は現在ではオンライン（ethicalconsumer.org）でエシカル消費にかんする情報発信を積極的に行っているため、くわしく知りたい方はぜひアクセスしてみてください。

このような市民運動やそれに応じた企業の改善活動を受けて、一九九七年、これまでの大量生産と大量消費、搾取を生み出す資本主義のありかたを国際政治の舞台で変化さ

せる歴史的な出来事が起こりました。市民運動や政治家へのロビイング活動を受けて、イギリスのトニー・ブレア首相が自らのスピーチのなかで、「エシカル外交」にかんして言及をするという場面があったのです。これは、イギリスによる過去の植民地政策を見直し、「豊さが犠牲のうえに成り立ってはいけない、国と国の単位から、個人と個人との関係で考えるべきである」と、貿易を含めた広義での外交のなかでも、搾取の構造を見直し、倫理面での配慮がなされるべきである、というメッセージでありました。ブレア首相は外交上の政策の過程で同義的・人道的な国際介入を「エシカル・アプローチ」として表現し、公にエシカルな配慮が必要であるという認識を国際政治の世界へも広く伝えたのです。また、この時にエシカル・トレーディング・イニシアチブ（ETI）も発足し、各種企業が企業活動においてエシカルにかんする指針を取り入れてゆきました。

バイコットと認証制度

一方で、ボイコット運動が存在するかたわら「ボイコット」よりも「バイコット（購買運動）」を推奨する動きもありました。一例として、フェアトレード製品を推奨する活動を取り上げて説明します。フェアトレード製品の製造は一九五〇年代から高まったとされ、発展途上国で人道支援を行う宗教組織やＮＧＯが現地の人びとにものづくりを教え、適正価格で先進国の消費者向けに販売を行う取り組みです。寄付や援助などの慈善活動だけでなく、貧困層が自分たちで生計をたてて自立することで貧困問題の解決に繋げることが目的の取り組みです。やはりイギリスや欧州を中心にフェアトレードショップが多くできたのもこの時期からで、一九八〇年代からは、フェアトレード商品にラベルをつける認証団体が複数立ち上がりました。一九九七年には国際フェアトレードラベル機構が発足し、それまで複数存在していたフェアトレードラベルが集約され、二〇〇二年に共通デザインのものになりました。皆さんも、このフェアトレードラベルがついた商品、たとえばコーヒーやチョコレートをスーパーやお店などでご覧になったことがあるかもしれません。

ラベルつきの商品はフェアトレードだけでなく、オーガニック製品（有機農産物、有機加工食品）などにも見られます。オーガニック製品にかんしては、ヨーロッパやアメリカ、日本などの地域ごとに基準が異なっており、たとえば日本ではJAS法（日本農林規格等に関する法律）に則《のっと》って生産され、有機JASマークがついた商品だけが、「有機」「オーガニック」とパッケージ等に表示できます。スーパーで有機農産物コーナーに行くと、このマークが表記された人参やほうれん草などの野菜、缶詰めやスナックなどを見ることができます。

農作物や雑貨、ファッション製品と比較して遅れはとりましたが、宝飾業界でもこのようなラベルが存在しており、代表的なものの一つに「フェアマインド（公正な採掘）認証」という認証があります。二〇〇四年に南米にてARM（Alliance for Responsible Mining・責任ある採掘のための同盟）という団体が設立され、ARMの基準に則って採掘を行う小規模鉱山に対してフェアマインド認証を発行しています。この団体設立の背景としては、宝石や鉱物の採掘にかんして、発展途上国を中心に世界中の小規模鉱山が貧困や環境問題の温床になっていることが長年、深刻な問題となっており、それに対処するかたちで発足することになりました。

ARMの基準では、以下四つのカテゴリーにおいて採掘場および企業の監査が行われ

ます。

1　組織開発――最低取引価格の保証、市場価格にプレミアムをつけた取引を行う、組織を強化する対策を行っている、取引の関係性が良好である、その国の法律に則った採掘を行う

2　社会開発――紛争への関与がない、児童労働がない、男女不平等格差がない、コミュニティのウェルビーイングを高めている

3　環境保全――環境負荷の少ない小規模での採掘を行う、安全かつ少量での化学物質の使用または化学物質を使用しない製法を取る、水の供給を守る、良い環境を未来へ残している

4　労働環境――労働組合をつくる権利がある、鉱山労働者に対する安定した仕事をつくっている、健康かつ安全な労働環境

ARMにかんしてわたしがその存在を知ったのはHASUNA設立当初の二〇〇九年

のことでしたが、当時はまだフェアマインド認証ができておらず、Green Goldという名称でARMが販売しているのみで、二〇一一年に初めてコロンビアのメデジンにあるARM事務所に足を運び、金を購入しました。その後二〇一二年から二〇一四年にかけて、南米、アフリカ、北米、アジア各地の一三〇もの団体や関係者により公正な採掘における基準が策定され、フェアマインド認証制度が完成しました。

ARMは、フェアマインド認証つきゴールド等を購入しているデザイナーや制作会社の人たちを鉱山へ連れて行くツアーを年に数回開催しており、わたしもこれを通じてペルーの鉱山を見せてもらう機会がありました。滞在したのはペルーの首都のリマからバスで一〇時間ほど南下し、そこからさらに車で数時間かかる砂漠地帯の鉱山でしたが、働いている人たちの雰囲気も温かく、その金一グラムにつき二・五ドルが地元の小学校の建設費用や、鉱山の安全設備への投資に使われているとのことで、支援している小学校も訪問させてもらうことができました。この地で採掘された金を使用したジュエリーは、きっと多くの人たちを幸せにするに違いないと感動したのを覚えています。また、世界じゅうから来た、同じ気持ちでジュエリーづくりを行うデザイナーやジュエリーブランド創業者、他の国の鉱山労働者たちと鉱山を巡っただけでなく、三日間のワークショップを通じて交流をすることもできました。身につける人も、つくる人も、採掘する人も、誰も苦しむことのない、幸福の循環を創造できるジュエリー業界になるように、と、同じ志をもつ人たちと交流できたのも、とても励まされる経験でした。

発展途上国の小規模鉱山での問題にかんしては、ARMが発足して二〇年近く経過する現在でも、アフリカやアジア各国で児童労働や化学物質の使用による環境汚染が見られることがUNICEFなどの国連機関の報告書にも記載されていますが、HASUNAも認証つきの金を積極的に購入することで、安全な採掘が世界各国に拡がってゆくことに貢献したいと考えています。

宝飾業界の認証にかんしては、もう一つ挙げるとRJC（Responsible Jewellery Council・責任あるジュエリー協議会）の認証があります。RJCは二〇〇五年にイギリスで発足し、鉱山だけでなく欧米を中心としたジュエリーブランドや小売業者、流通業者、ダイヤモンドの研磨工場などもこの認証を受けている、世界最大の宝飾業界のエシカル・サスティナビリティ関連の認証団体です。前に記載したフェアマインド認証にかんしては、おもに鉱山運営団体向けの認証で、安全な金の採掘とその流通を促すものでしたが、RJC認証はこれよりももっと広範囲になり、金や鉱物だけでなく、ダイヤモンドその他の鉱物の取引状況に透明性があるかやマネーロンダリング、武器輸出の対価になっていないか、鉱山労働者だけでなく、すべての従業員の労働環境が守られているかなど、多岐にわたる監査項目があります。

HASUNAはこの認証を二〇一四年に日本で初めて取得しており、現在も数年に一度、第三者機関による監査が行われ、認証取得を継続しています。HASUNAが取得した当時は、日本では誰も知らないような認証ではありましたが、その重要性は年々高まっています。たとえば米国のデパートメントストア等の小売業界のなかにはRJC認証を取得していないブランドとは取引しないと基準を決めている企業もあり、日本国内でもジュエリーの製造会社や宝石の卸売を行う企業も取得を進めていることを聞きます。数年に一度、監査機関による厳しいチェックを受けることで見直す箇所もあり、とくに会社経営にかんするガバナンスの項目はわたし自身も経営者として非常に勉強になり、監査の度に身の引き締まる思いで取り組んでいます。宝飾業界関係者の方がもしこの本を読んでいらっしゃったら、ぜひ取得を検討されることをお勧めします。監査にも認証取得にも、認証を継続するにも年会費を支払わねばいけないなどお金はかかりますが、第三者から見ても国際基準で安心安全な企業経営をしていることの証明になります。サプライチェーン全体にかんして透明度が高く、人権・社会・環境に配慮をした倫理的事業を展開できていることを第三者から認められることで、企業そしてブランドとしての信用度が高まることは確実です。

以上ご紹介したのは第三者機関による認証制度でしたが、自社での認証マークをつくっているブランドもあります。自社認証マークは第三者からの客観的判断ではなく自社で宣言しているのみですので、説得力に欠けるように捉えられることもありますが、会社やブランドとしての姿勢をお客様に見せる方法として効果的なものにもなります。

例としてはオランダを代表するチョコレートブランドTONY'Sの「Slave Free（奴隷を使っていない）」マークがあります。TONY'Sは、オランダのアムステルダムに本社があり、オランダ国内のどのスーパーでも見ることができ、味も美味しくパッケージデザインも可愛いので、お土産としても喜ばれるチョコレートです。初めてこのチョコレートをオランダ在住の友人からもらった時、パッケージの「Slave Free」マークを見て衝撃を受けたことを覚えています。これまでチョコレートのパッケージに表記されている認証マークといえば、USDA（米農務省）のオーガニック認証マークやフェアトレード認証マークしか見たことがなく、Slave Freeという耳慣れない言葉に思わず二度見して、その意味をあれこれと考えてしまいました。表面の紙パッケージを展開した裏側にも、TONY'SのSlave Freeにかんするビジョンやアクションが、ポップなデザインとともに書かれていたことのインパクトがとても強く、あざやかに印象に残りました。日本でたとえて言うならば、チロルチョコなどのパッケージに「奴隷を使っていません」と書かれ、包装紙を開けると奴隷を使わないカカオ豆生産の重要性などが熱く書かれている。こんなイメージをしていただければどれだけインパクトが強いかおわかりいただけるかと思います。TONY'Sのビジョンには、「世界中のチョコレートを一〇〇%奴隷を使わないチョコレートに」と明記されており、これを手にとった消費者は、まずカカオ豆の生産に奴隷が使われているの？　と思い巡らせることになるうえに、そうしたチョコレートがまだこの世のなかに存在していることに衝撃を受けることになるかと思います。また、TONY'Sのチョコレートを購入することで、このアクションに協力することになるため、周囲の人からの共感と支持も増えることでしょう。わたし自身もオランダへ行った時のお土産はこのTONY'Sと決めていて、この話とともに友人知人に配ると皆、感動してくれるので、美味しいチョコレートのお土産と一緒に「こうありたい」という世界も一緒にシェアできて嬉《うれ》しい体験となります。

第3章　日本のエシカル・ムーブメント

日本国内では、エシカルという言葉はわたしがHASUNAのビジネスを構想しはじめた二〇〇八年当初、インターネットで検索してもほとんどヒットしないという状況で、フェアトレード認証マークのついた洋服や食品も、まだ限られたショップでしか手に入りませんでした。わたしが初めてこの言葉をメディアで見たのは二〇〇八年一月に書店に並んでいたファッション誌の日本版『マリ・クレール』で、ファッションジャーナリストとして現在活躍されている生駒芳子さんが編集長をつとめていらっしゃった時のことでした。「エシカル・ファッションが未来の扉を開く」という特集の誌面には、オーガニックコットンのウェアや鞄《かばん》、洋服などのフェアトレード製品を取り扱うブランドがエシカル・ファッション特集として掲載されており、海外ブランドの取り組み事例なども掲載されていたように記憶しています。当時わたしは自分がつくりたいジュエリーの概念を何と呼んだら良いか考えているなかで、欧米のブランドから「エシカル・ジュエリー」という言葉を知った直後だったため、きっとこのエシカルというキーワードはこれから日本でも広まっていくと確信した瞬間でもありました。

リーマン・ショックが変えたわたしたちの消費意識

二〇〇八年といえば、この年九月に起こったリーマン・ショックは日本経済にも大きなダメージを与えることとなりました。わたし自身も金融業界で働いていたため日々の仕事への影響は大いにあり、二〇〇七年後半あたりから株価の動きや不動産、有価証券の取引自体がこれまでとは異なった動きを見せていたことから、バブルの崩壊が訪れるかもしれないと、経済は大変不安定な状態にありました。自分自身の今後の働き方やあり方を見直し、起業の準備を整えていったのもこのころからです。

実際に、リーマン・ショックの前後は同業他社の倒産や事業撤退が相次ぎ、外資金融を中心にリストラの対象になり、突然解雇通告をされる若手社員も少なくなかったように思います。このころちょうど、社会人として働き始めていた世代や就職活動をしていた世代が一九八〇年代生まれのミレニアル世代で、これまで続いていた好景気が突如途切れ、バブルが崩壊していく様を目の当たりにすることになりました。

この衝撃もあってミレニアル世代はお金のもつ力の恐ろしさと、お金を信じすぎることとの危うさに気づき、モノを消費することよりもコトを消費することや、お金を使うことに社会的意義を求めるようになったとわたしは分析しています。コト消費とは、そのモノ自体の価値に加えて、制作に関わっている人たちや、そのモノが生まれたストーリーに対してお金を払うという消費スタイルのことで、自分たちのお金がどこに使われているのか、誰に対して支払われているのかというトレーサビリティに重きを置いた消費の意味としても使われる言葉です。バブルが崩壊する出来事はこれまでの歴史上何度もあり、その度に当時十代、二十代を過ごしていた若者が経済にかんする何らかの心理的な影響を受けています。コンサルティング会社のデロイト トーマツが公表しているミレニアル世代の意識調査（二〇一五年）では、このリーマン・ショックによって影響を受けた一九八〇年以降生まれのミレニアル世代は、お金儲《もう》けだけではなく、その企業がいかに社会に貢献しているか、地域に貢献しているかに重きを置いて購買活動をする傾向が見られると報告されています。

リーマン・ショックで不景気の波が日本にも押し寄せ、モノ消費よりもコト消費と言われるようになりましたが、まだ「エシカル」という言葉の認知度は低く、二〇〇九年にHASUNAを設立した当初はファッション関連の展示会に出展してもバイヤーや業界人で「エシカル」という言葉を知っている人はほとんどいない状態で、この言葉の意味を説明するだけで終わってしまうことが多々ありました。ですが、エシカルという用語自体は新聞や雑誌、テレビなどメディアの方々には興味をもっていただけて、エシカル・ファッション特集やエシカル関連企業の特集を組んでくださり、取り上げていただく度に、すこしずつブランドの認知度が上がり、お客様から問い合わせをいただきました。

ただし、「エシカル」という単語はやはり一度や二度取り上げられただけでは浸透せず、何がエシカルなのか、パッケージやオフィスの内装などもすべてエシカルなのかという懐疑的な見方をされることもありましたし、百貨店に出店していた時に、(エシカルではなく)「〝シニカル〟ジュエリーをテレビで見て、ここにあると聞いたのですが……」と問い合わせをいただき、百貨店の方が案内できず、お客様が怒って帰られてしまうという出来事もありました。新しいキーワードや概念を広めてゆくのは一筋縄ではいかないなあと、あれこれ模索する日々が続きました。わたし個人の活動としても、消費者やファッション、ジュエリーメーカーを中心に、各種企業がエシカルの概念を理解し浸透させることが大切だと考え、起業後数年間はジュエリーの制作・販売のかたわらでエシカル消費にかんする啓発活動も積極的に行っていました。徐々に共感者や一緒に啓発活動をする仲間が増え、社会の関心がこの流れのなかですこしずつ変化していったことを実感しています。

東日本大震災とエシカル消費の広がり

エシカルというキーワードが注目された第二段階として、二〇一一年の東日本大震災があります。震災後、東北のものを食べて被災地を応援したり、東北のお酒を買って「エシカル消費」で応援しよう、という特集が新聞などのマスメディアに連日取り上げられるようになりました。都内の百貨店などでもエシカル消費で東北を応援するポップアップイベントが開催され、そこには東北地方のお酒やお米、東北で生産された雑貨小物が並びました。しかしながら、「デルフィス エシカル・プロジェクト」によるエシカル実態調査では、二〇一二年時点でのエシカル消費の認知度は一三%にとどまるのみでした。

そんななかで、二〇一二年にファッション・デザイン業界最大級の合同展示会roomsが、画期的な取り組みをはじめました。roomsは、アクセサリーやバッグなどのファッション雑貨、ライフスタイルインテリアなど生活と文化に関わるさまざまな商品を販売する会社アッシュ・ペー・フランス（村松孝尚さん創業）が主宰する展示会で、エシカルやサスティナビリティをテーマにしたブランドを集めたエシカルゾーンの展開が始まったのです。この取り組みは、アッシュ・ペー・フランスの坂口真生さんが熱意をもって開始され、二〇一二年にはHASUNAをはじめ数えるほどのブランドのみだったゾーンの出展ブランドが年々増え、二〇〇〇年には一三〇近いブランドが集結する一大ゾーンに成長しています。坂口さんは現在では「エシカルコンビニ」を立ち上げ、その展開に奔走されるかたわらで、エシカルプロデューサーとしても活躍されており、多くの方にエシカルの概念を伝える活動にも尽力されています。坂口さんがエシカルというコンセプトに出会ったのもこの二〇一二年であるそうで、エシカルなビジネスの研究開発を行うデルフィス エシカル・プロジェクト編著の本『まだ〝エシカル〟を知らないあなたへ』（産業能率大学出版部、二〇一二年）を読んで感銘を受け、新規事業としてroomsのエシカルゾーンを立ち上げるに至ったのだそうです。エシカルゾーンは初回は数ブランドであったものの、ファッションやデザイン業界の感度の高い方々には非常に好評だったようで、その後もエシカルやサスティナビリティにかんする取り組みについての問い合わせや協業の依頼が後を絶たないそうです。

また、年々自然素材やオーガニック、社会課題の解決を目的としたエシカル・ブランド設立も増加しており、バイヤーやセレクトショップ、クリエイティブ業界での知名度はこの数年で革命的に大きく変化してゆきました。HASUNAが二〇一二年に出展したこの時から「エシカルとは何ですか？」とブースで聞くバイヤーはかなり少なくなったようにわたし自身も実感しており、坂口さんが立ち上げたこのゾーンがきっかけでファッション・デザイン業界でのスタンダードなキーワードにまで浸透したことを肌で感じます。

また、この日本国内でのエシカル・ファッションの流れを調べるなかで、ファッションエディターの軍地彩弓《ぐんじさゆみ》さんにもお話を伺いました。軍地さん曰《いわ》く、二〇一一年前後は人びとの価値観が急速に変化していった時代であり、とくにこの頃十代、二十代だったミレニアル世代にその傾向が強くあったとのことでした。軍地さんはこの時期に、ファッション誌『VOGUE GIRL』の立ち上げに携わっており、ミレニアル世代の女性たちにファッションにかんするインタビューを行うなかで、若い世代の方々のファッションの消費意識に大きな変化があったことに気づいたそうです。これまでのファッション誌は人の消費を促す消費媒体であり、新しいものを買うために人の消費を掻《か》き立てるものであったのに、インタビューに答えた少女たちは新しいものを次々と購入するのではなく、母親から譲り受けたメゾンブランドの鞄やユーズド品を身につけ、ものを長く大切に使う姿勢をもち、「新しいものって買わなきゃいけないんですか?」と話していたことに大きな気づきを得、これから劇的に人びとの意識が変わりはじめることになると確信されたそうです。

二〇一三年は、第二章の冒頭でも記載した、バングラデシュでのラナ・プラザ崩落事故も起こったため、ファストファッションへのアンチテーゼとしてのものづくりのあり方を世界中のファッション業界人たちが考える歴史的な展開もありました。二〇一四年には札幌《さっぽろ》市で「エシカル購入国際シンポジウム」が開催され、二〇一五年には一般社団法人エシカル協会が、二〇一七年には一般社団法人日本エシカル推進協議会が設立されるなど、エシカル消費を啓発する団体も複数誕生し、市区町村のコミュニティセンターや学校でもエシカル消費にかんする講座が開かれるなど、エシカルというキーワードを広めるために多くのアクションが起こされてゆきました。一般社団法人エシカル協会を設立された末吉里花さんも、エシカルを広めるムーブメントのなかで積極的に活躍されている方の一人です。末吉さんはもともとフリーアナウンサーとしてお仕事をされており、TBS系テレビ番組「世界ふしぎ発見！」のミステリーハンターとしても活躍されていました。二〇〇四年に、「世界ふしぎ発見！」の撮影でアフリカのキリマンジャロに登頂したさいに、頂上の氷河が年々減少していることを知り、地球温暖化などの地球環境問題の深刻さに衝撃を受けたそうです。二〇〇五年にピープルツリー創業者のサフィア・ミニーさんと出会ったことも末吉さんの人生に大きく影響を与え、フェアトレードの概念やエシカル・ファッションにかんしても何らかのアクションをライフワークとして続けていくことを決意。二〇一〇年にはフェアトレード・コンシェルジュ講座（のちにエシカル・コンシェルジュ講座に変更）を主催し、フェアトレードやエシカルの概念を多くの方に広める啓発活動を手がけてゆかれました。エシカル・コンシェルジュ講座からはこれまで二〇〇〇名近くのコンシェルジュが卒業し、日本全国で活躍中です。わたしも何度も講座に登壇する機会をいただきました。末吉さんはフェアトレード・コンシェルジュ講座第一期生の仲間たちと団体を立ち上げ、現在では官公庁や地方自治体、企業等でのアドバイザリー活動、中学、高校などの学校でも教育・啓発活動をされています。

世界のビジネスを激変させたＥＳＧ投資とＳＤＧｓ

エシカルが日本で広まった第三段階として、ＥＳＧ投資（環境・社会・企業統治《ガバナンス》に配慮している企業を重視して行う投資）やＳＤＧｓ（持続可能な開発目標）が積極的に日本国内で推進されるようになったことがあります。この方針は大企業を大きく動かし、ファッション業界、ジュエリー業界を変化させ、エシカルというキーワードの認知をさらに高めることになりました。ESG投資とは、二〇〇六年に当時の国連事務総長であったコフィー・アナン氏が発表した「責任投資原則（PRI・Principle for Responsible Investment）」のなかにおいて、投資判断の基準として紹介したことがきっかけで世界に広まることとなりました。ESGは、E（Environment・環境）、S（Social・社会）、G（Governance・企業統治）の頭文字を取ってつくられた言葉で、企業の長期的な成長のために必要なものとして掲げられています。企業はこれまでの資本主義に則《のっと》った利益の追求だけでなく、環境面や社会に対する貢献、そして社内の統治がしっかりと行われていること、不正がないように取り組むことが結果的に持続可能な企業をつくり、経済を成長させることができるという構想でした。ESG投資の推進によって、投資家の資金が環境や社会に配慮している企業へ流れることとなり、企業は積極的にESGに取り組み、結果として世界規模の環境問題や社会課題の解決に結びつくことを想定していたものでした。

なお、先述した責任投資原則（PRI）のなかには以下の六つの原則があります。

1　私たちは、投資分析と意思決定のプロセスにESGの課題を組み込みます
2　私たちは、活動的な（株式）所有者となり、（株式の）所有方針と（株式の）所有習慣にESGの課題を組み入れます
3　私たちは、投資対象の主体に対してESGの課題について適切な開示を求めます
4　私たちは、資産運用業界において本原則が受け入れられ、実行に移されるように働きかけを行います
5　私たちは、本原則を実行する際の効果を高めるために、協働します
6　私たちは、本原則の実行に関する活動状況や進捗状況に関して報告します

日本では、二〇一五年にわたしたちの年金を運用している年金積立金管理運用独立行政法人（ＧＰＩＦ）がこの国連責任投資原則に署名をし、ＧＰＩＦから投資を受ける大企業がＥＳＧ投資を受けられるよう環境、社会、ガバナンスにかんして社内の体制を整

えてゆくことになりました。それまでは日本の機関投資家（保険会社やファンド運用会社、銀行など）にはESG投資にかんしてあまり積極的な姿勢が見られなかったため、大企業もESGに対しては消極的でしたが、世界最大の年金運用ファンドであるGPIFが国連責任投資原則に署名をしたことで次々と動き出すこととなりました。GPIFの運用資産額は二〇二〇年末で一七七兆円を超えており、この巨額の資金がESGに対して積極的な企業に流れるとなると、必然的に大企業側も、投資の業界の姿勢も変化せざるを得ない状況になったのです。

こうして大企業側はどのような取り組みをしたらESG投資を受けられるようになるのか模索をすることになりました。大企業が自社で行う社会貢献活動としてCSR（Corporate Social Responsibility・企業の社会的責任）が存在していたのですが、CSRはおもに株主や顧客、従業員からの信頼を高めることや、採用活動におけるイメージアップのための社会貢献活動であり、発展途上国を支援するNGO、NPO団体への寄付や地域の清掃活動など、企業活動から得た利益の一部を社会にとって良いことに使うことに留まっているものが主流で、企業活動のなかにおける環境・社会課題への取り組みやガバナンスにかんする活動は含まれていませんでした。ESG投資においては、企業がビジネスを行うなかでの環境・社会への配慮やガバナンスにかんする情報開示が求められたのです。たとえば環境に配慮したパッケージを採用することや、ものづくりの段階でごみを減らす、商品のリユース、リサイクルができるよう促すこと。社会面においては多様性（ダイバーシティ）に取り組むことや女性の役員、マネージャーを増やすなど女性の活躍を推進すること、ワークライフバランスに取り組むことなどがおもな事例です。ガバナンスにかんしては、コンプライアンス（法律や社会通念を守ること）や、情報の透明性を保つことが求められます。どの項目にかんしても、倫理や道徳というエシカルを求められる指標が強まり、エシカルなサプライチェーン（供給連鎖）の実現に取り組む企業や、エシカルな調達規定をつくる企業も出てきました。

ESG投資にかんしては初めて耳にした方も多いかと思いますが、皆さんのなかにはSDGs（Sustainable Development Goals・持続可能な開発目標）というキーワードをご存じの方もいらっしゃるかと思います。SDGsは日本でGPIFが責任投資原則に署名をした二〇一五年、九月に開催された国連サミットで採択されました。SDGsは、

二〇〇一年に同じく国連でミレニアム開発目標（MDGs・Millennium Development Goals）として採択され、達成期限を迎えたものの後継として生まれました。ミレニアム開発目標は、貧困・飢餓の撲滅、乳幼児死亡率の削減、妊産婦の健康の改善など、発展途上国の開発課題が中心であったのに比べて、SDGsは発展途上国、先進国を含めた地球全体の持続可能性にフォーカスした一七項目の指標を設定しています。

持続可能な開発目標（SDGs）の17分野

目標1：あらゆる場所で、あらゆる形態の貧困に終止符を打つ

目標2：飢餓に終止符を打ち、食料の安定確保と栄養状態の改善を達成するとともに、持続可能な農業を推進する

目標3：あらゆる年齢のすべての人の健康的な生活を確保し、福祉を推進する

目標4：すべての人に包摂的かつ公平で質の高い教育を提供し、生涯学習の機会を促進する

目標5：ジェンダーの平等を達成し、すべての女性と女児のエンパワーメントを図る

目標6：すべての人に水と衛生へのアクセスと持続可能な管理を確保する
目標7：すべての人に手ごろで信頼でき、持続可能かつ近代的なエネルギーへのアクセスを確保する
目標8：すべての人のための持続的、包摂的かつ持続可能な経済成長、生産的な完全雇用およびディーセント・ワーク（働きがいのある人間らしい仕事）を推進する
目標9：強靭《きょうじん》なインフラを整備し、包摂的で持続可能な産業化を推進するとともに、技術革新の拡大を図る
目標10：国内および国家間の格差を是正する
目標11：都市と人間の居住地を包摂的、安全、強靭かつ持続可能にする
目標12：持続可能な消費と生産のパターンを確保する
目標13：気候変動とその影響に立ち向かうため、緊急対策を取る
目標14：海洋と海洋資源を持続可能な開発に向けて保全し、持続可能な形で利用する
目標15：陸上生態系の保護、回復および持続可能な利用の推進、森林の持続可能な管理、砂漠化への対処、土地劣化の阻止および逆転、ならびに生物多様性損失の阻止を図る

目標16：持続可能な開発に向けて平和で包摂的な社会を推進し、すべての人に司法へのアクセスを提供するとともに、あらゆるレベルにおいて効果的で責任ある包摂的な制度を構築する

目標17：持続可能な開発に向けて実施手段を強化し、グローバル・パートナーシップを活性化する

日本では、二〇一六年に総理大臣を本部長、官房長官、外務大臣を副本部長とし、全閣僚を構成員とする「持続可能な開発目標（ＳＤＧｓ）推進本部」が設置され、取り組む体制を整え、行政、民間セクター、ＮＧＯやＮＰＯ、有識者などのステークホルダー（利害関係者）によって「ＳＤＧｓ推進円卓会議」が開催され、実施指針に基づいて各界に拡がってゆきました。

また、ＳＤＧｓの一七項目は、グローバルな課題を網羅しているものになり、課題が明確化され、企業の取り組みを表す方法としても非常にわかりやすいため、ＥＳＧ投資を受ける側となる企業が、自社の取り組み事例を表現するさいにＳＤＧｓの指標を取り

SUSTAINABLE DEVELOPMENT GOALS
1 貧困をなくそう
2 飢餓をゼロに
3 すべての人に健康と福祉を
4 質の高い教育をみんなに
5 ジェンダー平等を実現しよう
6 安全な水とトイレを世界中に
7 エネルギーをみんなにそしてクリーンに
8 働きがいも経済成長も
9 産業と技術革新の基盤をつくろう
10 人や国の不平等をなくそう
11 住み続けられるまちづくりを
12 つくる責任つかう責任
13 気候変動に具体的な対策を
14 海の豊かさを守ろう
15 陸の豊かさも守ろう
16 平和と公正をすべての人に
17 パートナーシップで目標を達成しよう

入れるケースも増えています。

二〇一九年九月に開催されたファッションのお祭りVOGUE FASHION'S NIGHT OUTのテーマが「サスティナビリティ」であったりと、エシカル、サスティナブルはこのような流れのなかでファッション業界、その他経済活動において切っても切り離せない、当たり前のものと変化を遂げました。

この背景には、ESG投資やSDGsという国際的なお金の流れが変化したということもありますが、冒頭で記載したミレニアル世代が消費の中心となってゆくことも大きく影響しています。二〇三〇年には世界全体の労働人口の七五％がミレニアル世代になると予測されていると述べましたが、この世代が消費の中心となるということは、裏を返せば企業はエシカルやサスティナビリティの概念をプロダクトやサービスのなかに入れ込まないと商品として売れず、企業生命が危ぶまれるということとして解釈できます。

また、ミレニアル世代の一つ下の世代であるジェネレーションZ世代にかんしても、同じようにエシカルやサスティナビリティが常識として備わっていると言われているため、この世代を含めると、世界のほとんどの労働人口で企業や消費にかんする興味関心が激変した未来を描くことができます。

　企業が存続するには社会に配慮をしたものづくりを行うこと。その企業なりブランドが大きくなればなるほど世界が良くなってゆくよう対策すること。わたしがビジネスを立ち上げるときに必ず心がけていることでもありますが、これから社会に出て経済活動をされる読者の皆さんにも、ぜひ心がけていただきたいことであり、前述したような経済背景もあることから、自信をもって「世界を良くする仕事をしたい」と夢を抱いて進んでいただきたいです。

第4章　インクルーシブな社会をつくる

わたし自身の行動指針として、自分が手がける仕事やプロジェクトは、すべて「この世界をより良い状態にする」という理念があります。HASUNAブランドが大きくなれば大きくなるほど、製品をつくればつくるほど、この世のなかが素晴らしい場所になったら良いと心から思っています。

いまの社会がもつ課題をキャッチして、それをビジネスの姿として解決に導くというのはわたしの課題解決方法なのかもしれません。NPOやNGOに携わって、アドボカシー活動やロビイング活動をしたり、富める人や企業から寄付金をあつめてお金のないところに分配する。企業のなかでSDGsに則った活動を導入し、解決に取り組む。政治家として社会のルールを変える。はたまた身近で困っている人たちの話を聞く。社会課題の解決方法は人それぞれ、自分の役割があると思います。

わたし自身も、課題意識をもってジュエリービジネスの世界に飛び込みました。ジュエリーブランドをつくり、自分の信じるやりかたで取引をし、その結果身につける人も、制作する人も皆が幸せであるブランドとして育てたい。こんなブランドが増えていけば、途上国の鉱山や生産地で起こっている貧困問題も、環境問題も解決してゆけるはず。そう考えて飛び込みました。しかし、血気盛んに飛び込んだ当初は気づかなかったこと、知らなかったことが、この業界に携わることで年々見えてきました。

いろとりどりの〝パートナー〟のかたち

その一つが、ブライダル業界におけるジェンダーの問題でした。この業界に飛び込んだ当初は、まったく違和感がなく「若い男女」のカップルの出演する結婚情報誌のテレビCMを見たり、そんなカップルが掲載された結婚式場や結婚指輪の広告写真を見たりしていました。

ですが、HASUNAも年間数百組というカップルが訪れるようになり、さまざまな夫婦のかたちを知ることとなります。会社員として働きながら結婚指輪をつくりはじめた当初はわたしも二六歳。わたし自身もそうですし、まわりでも、まだ結婚すらしていない人たちが多かったので、気づかなかったことが多々ありました。

HASUNAを創業し、店舗をオープンさせたある日、結婚指輪を購入したいと一本の電話が入りました。三人で伺います、と言われ、お母様が一緒に来られるのかなと思いきや、来られたのはこれから結婚する男性と、女性、そしてベビーカーに乗った赤ちゃんでした。お二人のお話を伺うにつれ、女性はシングルマザーとして赤ちゃんを一人で産み、育てていくなかでパートナーと出会い、結婚することになったとのことでした。

そしてまた別の日には、五十代のカップルが結婚指輪を買いに来られました。そのカップルはお互い再婚同士、五年前に入籍だけ先にしていて指輪は購入しないことを決めていたそうです。ところが新聞でHASUNAの取り組みを知り、結婚五年目にして、このブランドだったら買いたい、とあらためて指輪を買いに来てくださいました。

また、ある時は女性同士、男性同士のカップルもいらっしゃいました。通常のジュエリーショップでは同性同士で結婚指輪を買いにいくと変な目で見られそうで怖かったけれど、HASUNAはそんな雰囲気がしなかったので買いに来たと言ってくださり、そのような雰囲気を感じ取ってくださったことがとても嬉《うれ》しかったのを覚えています。

統計データで見ると、二〇一九年に日本で入籍をするカップルは年間約六〇万組います。人口減少に伴い、入籍するカップルの数は減っているものの、再婚するカップルの数は年々増えていて、一九七〇年代半ばにはおよそ一三％の割合だった再婚カップルが、二〇〇五年には二五％まで増えています。年間、離婚をするカップルの数が三分の一程度であるという統計データもあり、再婚するカップルも同程度になってきているようです。また、電通ダイバーシティ・ラボの推計によると、ＬＧＢＴＱ＋の割合は八・九％存在します。同性同士の入籍は二〇二一年現在、日本では認められていないため、法的には婚姻関係ではないものの、実際は結婚生活をしているパートナーであるというカップルも数パーセント存在していると思われます。

同性婚だけでなく、選択的夫婦別姓やその他の理由で入籍をしないカップルも年々増えているようで、やはりＨＡＳＵＮＡにも入籍をせず結婚生活をおくるカップルが買いに来られることもあります。すべてを把握できているわけではありませんが、何組かにひと組は入籍しないままで結婚というかたちを取られるカップルがいらっしゃるようです。

結婚って何なのだろう？　入籍って何のためにするんだろう？　パートナーシップって何がベストなかたちなのだろう？　と、数千組のカップルのお話を聞くなかで、わたし自身の興味や疑問は尽きず、また、ブライダル業界がステレオタイプ（固定観念）のなかで動いていることに大きな疑問を覚えていくことにもなりました。

社会変革を起こすプロダクトデザイン

そんな話をＨＡＳＵＮＡの投資家でもある谷家衛《たにやまもる》さんと、クリエイターの高木新平さんとするなかで、ひとつのプロジェクトを立ち上げることになりました。それが、二〇一六年にリリースしたRe.ing（リング）というプロジェクト型ブランドです。

パートナーシップとは？　多様性とは？　ひとつの固定観念や、こうあるべきという姿に縛られることなく、自由で心から気持ちのよい関係性を追求するには？　高木新平さんと、のちにこのプロジェクトを代表として引っ張ってゆくことになるＮＥＷＰＩＥＣＥ執行役員の大谷明日香さん、そのほかＮＥＷＰＩＥＣＥ、ＨＡＳＵＮＡのチームメンバーと議論を重ねるなかで、パートナーシップの姿を問い直すブランドができたら面白いのではないか、とプロジェクト型ブランドを創る構想ができました。

指輪は関係性の象徴であり、結婚していることやパートナーがいること、自分や仲間との誓いを立てるプロダクトです。パートナーがいる、ということを社会に対して表明できる唯一のプロダクトでもあります。その歴史も深く、数百年前から指輪はパートナーシップの象徴として存在しており、現代まで受け継がれているとても珍しいものであると考えています。

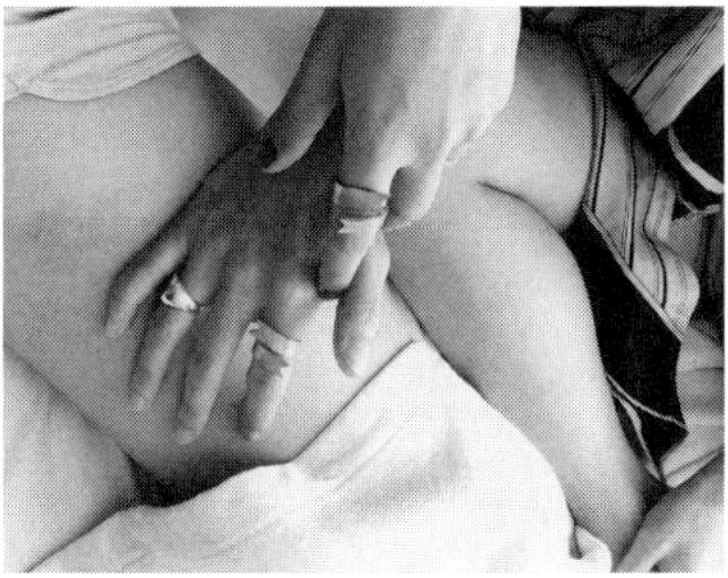
REING の Ribbon Ring

また、指輪だけでなくジュエリー全般として、人の想いを乗せるセンチメンタルバリューのあるものだと言えます。結婚相手がいるから結婚指輪をする。指輪を見ると結婚したときのことを思い出す。カップルは指輪を見ると唯一無二の自分を受け入れてくれる存在に想いを馳《は》せることができる。産まれたときに贈られるベビーリングや、家族から二〇歳の記念に贈られたものもあるかもしれませんし、親が身につけていたものを身につけることによって、お守りとしての役割を感じるものもあるかもしれません。

そんな背景もふくめてNEWPIECEのチームとHASUNAのチームで議論をし、複数の指輪のコレクションが生まれてゆきました。デザインに関わったのはプロダクトデザイナーの太刀川《たちかわ》英輔さん率いるNOSIGNER（ノザイナー）のデザインチーム。ソーシャルデザインイノベーション（未来に良い変化をもたらすデザイン）を手がけるNOSIGNERチームは、このプロジェクトにぴったりだと考え、一緒に動いていただけるよう依頼しました。また、以前から一緒にお仕事がしたいと考えていたジュエリーデザイナーさんにも全面的にご協力いただいたり、当時わたしのアシスタントとして働いてくれていた大谷吉秀さんも初期のころに関わってくれ、チームづくりをしてゆきました。

まずはじめにリリースしたのが「RAINBOW（レインボー）」という指輪です。「RAINBOW」は、多様性の象徴である虹を内側に刻んだ指輪です。この指輪の開発のために、ゲイやトランスジェンダー、レズビアン、さまざまな方にインタビューを行い、皆が気持ちよくつけることができる、多様性の象徴としての指輪づくりを行いました。この時にインタビューに答えてくれたＬＧＢＴＱ活動家であり東京レインボープライドの杉山文野さんには、パートナーとともにリリース時のモデルにもなってもらいました。杉山文野さんはトランスジェンダーで、女性として生まれましたが心は男性で、パートナーも女性の方です。最近、精子提供を受けてお子さんも生まれ、新しい家族のかたちを実現されています。

また、同じくＬＧＢＴＱ活動家の柳沢正和さんにインタビューをさせていただいたさい、おっしゃってくださったひとことでとても心に響いたのが、「ＲＡＩＮＢＯＷの裏側の虹が、六色はっきり分かれたものではなく、グラデーションになっているのがとても良いし、実際に性自認や性的指向もＬＧＢＴＱなどとはっきり分けられるものではなくて、グラデーションのようにさまざまな立場を皆もっているから、それをうまく表現しているところが素敵だと思う」という言葉でした。誰しもマイノリティーの立場に立つことが長い人生のなかであるのかもしれないし、性のあり方は単純に男女にきっぱり二分できるものではなく、多様なものだと思います。そんなことを考えさせられたひとことでした。

ジェンダーレスな未来を拓くモノづくり

プロジェクト型ブランドRe.ingは、その後創業から関わってきた大谷明日香さんを代表に、クリエイティブスタジオＲＥＩＮＧとして生まれ変わり、大企業や国内外のブランドとプロジェクトを一緒に動かすことで静かな革命を起こし続けています。

この指輪のプロダクトからはじまり、二〇二〇年九月には、ＲＥＩＮＧとしてジェンダーニュートラル（性別の枠に縛られない・男女で分類しない）なアンダーウェアコレクションが発表されました。男性も女性も着けられるブラレットやトランクスなど、性別で売場を分けるのではなく、男女ともに同じ場所で購入することができる下着のブランドはこれまで日本に存在しませんでした。男性がブラジャーをすることや、女性がトランクスをはくことには、違和感を覚えるかもしれませんが、ジェンダーを考える意味ではこの違和感こそがとても大切な視点であると考えています。

皆さんは、何に違和感を覚えますか？　じつは、違和感を覚えるところに、社会課題が潜んでいることが多いのです。この下着のプロジェクトにかんしても、女性が男性の

REINGのアンダーウェアのコレクション

ものをはくなんて、男性が女性の下着を着るなんて……と感じる方も多いと思いますが、それはアンコンシャスバイアスと呼ばれる「無意識の偏見」なのです。男性だから強くなりなさい。女性だからおしとやかにしなさい。男性だから、女性だから、とこれまで親や先生に言われたことは誰しもあると思いますし、それを大半の人たちが自然に受け止めてきたからこそ、無意識下で偏見が生まれてゆきます。

なぜ、男性だから強くならないといけないのでしょうか？　なぜ、女性だからおしとやかにしなくてはならないのでしょうか？　自ら望んでそうであれば問題ないのですが、強い女性もいれば、おしとやかな男性もいる。心はそう感じていないのかもしれません。

本来は、あなたや、あなたのまわりの人たちの気持ちや考え方は、誰かを傷つけない限り自由なのです。どんな洋服や下着を着ようとも、強くあろうとも、おとなしくあろうとも、誰を好きであるかも、生まれた時に割り当てられた性別にかかわらず、性というものは本来自由であり、それを誰かに侵される必要もまったくもってないのです。

自分自身のもつアンコンシャスバイアスによって、誰かが傷ついていたらそんな悲しいことはありません。それはジェンダーの問題だけでなく、子どもをもつことやもたないこと、結婚をすることやしないこと、生きて行くなかでさまざまな人の生き方に関わることだと思っています。

このアンコンシャスバイアスを取り除き、人が自分と違うことを認識して、すべての人が偏見や差別に怯《おび》えることなく自分の心に従って生きてゆくことができたらどんなに素晴らしいことかと思います。それが多様性のある、インクルーシブな社会であると考えます。

エシカルを広める役割をもっていたのがＨＡＳＵＮＡであるとしたら、インクルーシブな社会や男女で二分しない表現を実現するのがREING。HASUNAやREINGのプロダクトを購入する人たちは、この活動に共感していたり、プロダクトが好きで購入して、あとから活動を知って共感するという流れがあります。このブランドが広まれば広まるほど、プロダクトが売れれば売れるほど、この考え方が社会に浸透してゆき、大きな社会変革を起こしてゆくでしょう。

二〇世紀を代表するデザイナー、ココ・シャネルは女性の社会進出を後押しするプロダクトをデザインすることに情熱を燃やしていました。たとえば、彼女が生きていた第一次・第二次世界大戦前後は、女性はきついコルセットを腰に巻き、社会に出ることすら難しい時代でした。そのコルセットから解放するような洋服のデザインをし、女性が男性のお飾りになることが通例となっていたパーティーシーンで、女性一人でも堂々と立ち振る舞えるような、肩にかけられるクラッチバッグをデザインして、自らが使うことで多くの女性たちの憧れにもなり、社会意識の変革を次々と行ってゆきました。

このように、ブランドビジネスやプロダクトデザインによって社会を変革することは大いに可能であるのです。ブランドをつくること、プロダクトをつくることに興味のある方もいらっしゃるかと思います。皆さんは、どんな社会変革を起こすプロダクト、またはは事業をデザインしますか？

第5章　内気な子どもがビジネスを興すまで

現在、一年に三、四〇回は全国でトークイベントや講演をしています。呼ばれる場所はファッション関係のイベントや百貨店から、官公庁や高校、大学、大企業の社内研修、ビジネス研究会などさまざまです。エシカル・ジュエリーやエシカル・ファッション、SDGsや起業、女性のエンパワーメントについてなど、多岐にわたる分野でお話をする機会をいただいています。使用言語は日本語が多いですが、国際会議で登壇するときは英語でスピーチもします。聴きに来られる方は、学生さんやこれから起業をしようとしている方々、ファッション業界やジュエリー業界の方など、年齢も十代から目上の方まで幅広くいらっしゃいます。人数は数名の茶話会から、一〇〇〇人規模の会までさまざまです。

エシカルやサステナビリティをファッション業界、ジュエリー業界に広めてゆくことを個人的なミッションとしていたため、創業時からずっと、この頻度で講演活動を続けてきています。おそらく現在まで少なく見積もっても三〇〇回は講演をしてきた計算になります。創業時に大学で講演をして、当時学生さんだった子たちが、その後社会人になりＨＡＳＵＮＡでファーストジュエリーを購入し、結婚指輪や婚約指輪を買いに来られることも最近は多くなってきました。

ロシアAPEC「女性と経済フォーラム」にて

また、仕入れのために海外へ行くと、現地の鉱山や工房で働いている方々ともお話をします。わたしは日本語のほかには英語と、挨拶や自己紹介程度だけフランス語を使えますが、職人さんや鉱山で働く人たちのなかには英語を話す人は少なく、ルワンダだったらキニアルワンダ語、ペルーはスペイン語、パキスタンの山奥に行くと、その地に住んでいる一部の民族しか話せない言葉を話していたりします。ですが、言語が通じなくても、なんとなく気持ちで通じてしまったりするのが不思議です。

ひっそり過ごした少女時代

こうして全国で講演をしていたり、世界各国の取引先を行き来していると、さぞかしわたしは子ども時代から活発であったかと想像される方も多いかと思います。しかし、わたしは実際はその正反対の子どもでした。当時の自分から想像すると、いまの自分がとても信じられなくて、まるで別人のように思えます。

記憶を辿《たど》ると、小学校に入る前までは幼稚園に行くのが嫌で毎日泣いてばかりいました。ママと一緒にいたくて、幼稚園バスに乗せられると、まるで心を引き裂かれたかのような絶望的な気持ちになり、雄叫《おたけ》びのような声で大号泣しながら登園し、ママに会いたい、と、しょっちゅう泣きわめいていたことをいまでもはっきりと思い出せるほどです。母も心配して園にこっそり見に来たり、あまりにも泣くので先生に相談をし、「たくさん泣く子は心が優しい子なんですよ」と言われて、励まされたこともあったそうです。

小学校にあがると泣きわめくことはなくなりましたが、今度は人と話さないことが多くなりました。いまの時代であれば、学校へ行かず引きこもりになっていたかもしれません。両親ともに教育には厳しかったので毎日学校には通っていたものの、人と話そうとすると赤面してしまい、言葉に詰まったり、心にもないことを口走ってまわりから顰《ひん》蹙《しゆく》を買うこともありました。そんな自分が嫌で、さらに人と話さなくなる悪循環。遠足や運動会の前日になると胃が痛くて眠れなかった記憶があります。「ああ、友だちといることや生きることってなんでこんなに疲れるんだろう。どうして気が合わないのに友だちをつくらなくてはならないんだろう」と集団行動や皆で仲良くしなくてはならないことを息苦しく感じていました。

できれば毎日一人でいたかったし、早く家に帰りたくて仕方なく、家に帰ると自分の部屋に閉じこもって、誰とも話さずに絵を描いたり本を読んだりしていました。一人で自由に人形の洋服や自分のアクセサリーをつくっている時が、生きていることをもっとも感じられるという毎日でした。思春期に入るとそれがさらに加速して、洋服をつくったりゲームをしている時間のほうが、勉強時間や人といる時間よりもずっと長かったよ

うに思います。

殻を破ってくれた高校生活

そんな自分を肯定できていたかというと決してそうではなく、生きづらさを感じつつ、どこかで自分は変わらなくては、と思っていました。本当は気の合う友だちがいたら嬉《うれ》しいし、どこか別の場所に自分の居場所があるようにも感じていました。

転機は高校生になった時。地元の中学を卒業したあとは、名古屋市内の女子校に進学しました。知り合いが一人もいないなかで、新しい環境で自分をやり直すチャンスでもあると思っていました。幸いなことに、進学した高校は価値観の似た良い友人たちに恵まれ、とくに体育祭や文化祭に力を入れる学校であったため、チームワークの大切さを学ぶことにもなりました。

クラス内で議論を重ねてコンセプトを練り上げ、文化祭の出し物を準備することや、チームの力で体育祭を勝ち抜くことが楽しくなってきて、積極的にリーダー役を引き受けるようになりました。女子校だったこともあり、男性に頼るのではなく女子たちのなかでリーダーシップを発揮せざるを得ないことや、男性の目を気にせずのびのびと発言したり振舞ったりできたのは、共学にいた時にはできなかった経験で、いまの自分の礎となっています。

また、高校二年生か三年生の時に現代社会を教えてくれていた先生が、教科書として発展途上国の現状がわかるものを皆で読み、議論をする時間をつくってくれたことに衝撃を受けました。これまでいわゆる「教科書どおり」の教育しか受けてこず、物事を深く理解するのではなく、幅広く暗記することばかりをしていた自分としては、個別具体的な事例を研究・議論できたことがとても楽しく思えました。

その時に教科書として使用されていた本が『バナナと日本人――フィリピン農園と食卓のあいだ』（鶴見良行著、岩波新書、一九八二年）という本でした。要約すると、わたしたち日本人がいつも食べているバナナの九割がフィリピンから輸入されていて、多国籍企業の運営するフィリピン農園では人体に有害な農薬が大量に使用されていることや、その農園をつくるために熱帯雨林が大規模に伐採されていること、利潤を得ているのは米国等の企業で、フィリピン人にはわずかな賃金しか支払われておらず、貧困の原因がつくり出されているとともに、搾取の構造になっていることなどが書かれていました。

この本の内容を題材にして、さまざまなことを議論しました。なぜ、いつから発展途上国が先進国に搾取されてしまう構造になっているのか。日本で販売されている多国籍企業のバナナをボイコットすることが正しい行為なのか。ボイコットされてしまったら、農園の人たちはどうなるのか。さらに貧困状態に陥るのではないか。多国籍企業にフェアトレードや農薬の不使用を訴えるにはどうしたらよいか、など真剣にクラスメイトと議論したことを覚えています。

当時、フェアトレードのバナナは一房一〇〇〇円近くするほど高額で、販売されている場所も名古屋に数えるほどしかないような状態で、探しに行って実際に購入して食べたりもしてみました（それと比較すると、現在ではコンビニやスーパーでもフェアトレードのバナナが安く購入できるようになり、すこしずつ世界がよい方向に変化していることを実感しています）。

また、高校二年生の時には英語の授業で習った一九六三年のキング牧師のスピーチ「I have a dream」に全員が感銘を受け、文化祭ではアメリカの人種差別問題をミュージカル風に仕上げて、クラス全員で舞台をつくることになりました。キング牧師はマーティン・ルーサー・キング・ジュニアといって、黒人への差別撤廃を訴えた公民権運動の指導者で、のちにノーベル平和賞も受賞しています。ミュージカル全体のシナリオ構成から、歌の選定から楽譜選びをし、力を合わせて歌を歌ったり、舞台装置や衣裳《いしょう》を工夫してつくり上げたり。笑いあり涙ありで夏休みを返上して全力投球した結果二位を受賞し、皆で号泣したのはいい思い出です。

こんなことをくりかえしているうちに、赤面症や人と話すことが苦手だった自分がどこかに消えていきました。勉強も何もかも、なんとなく物足りない、という状態から、何か一つのことに情熱を注いで全力投球できる環境を求めていたのかもしれません。

社会変革への決意、そしてロンドン留学へ

また、その後のイギリス、ロンドンでの大学生活は自分の人生を大きく変化させるものでした。一度も海外で生活をしたことがなく、家族とも離れて暮らしたことがなかった自分が、いきなり愛知県の片田舎からロンドンへ一人で渡り、生活をしはじめた衝撃

はとても大きいものでした。家族や友人に見送られ、名古屋空港から飛び立ちロンドンのヒースロー空港に到着すると、フィッシュアンドチップスを揚げる油の香ばしい匂いがしました。これからはじまる大学生活にわくわくする気持ちと緊張で、機内では眠ることができず、ぼうっとした頭と疲れた身体で重い荷物を持ち、電車を乗り継いで大学の寮に到着して、倒れこむようにベッドに横たわり、その後まる一日ずっと寝ていました。

やっとのことで起きて身支度をし、入学の手続きをしにバスで大学まで向かいました。大学の事務所へ行くと、無愛想なアフリカ系の事務員のおばちゃんが面倒臭そうに迎えてくれました。入学の手続きがしたい旨を話し、名前を伝えるとそのまま黙ってパソコンでわたしの名前を検索します。そしていぶかし気に「あなた、この大学に入学するのは確かなの？　あなたの名前が見当たらないんだけど」と言われ、「そんなはずはありません。だってプロフェッサーからも合格のメールをいただいていますし……」とメール文面を見せても「ないわね」の一点張り。血の気がサーッと引いていくのがわかりました。

自分の名前が入学者リストにない⁉　わたしはいままで何をしていたんだろう？　日本の家族や友人に何と言えばいいのやら……困った、どうしよう……。あわてふためくわたしを冷めた目で見つつ、事務員のおばちゃんが「あなた、本当に大丈夫なの？」と。「わ、わたし……心配です。ちゃんとこの学校に入学できるんでしょうか⁉」としどろもどろに涙目で、たどたどしい英語で伝えると「わたしはあなたの英語力のほうが心配よ」と冷たい返事で追い討ちをかけられました。

すぐに合格通知をくれていたプロフェッサーに電話で連絡をするものの、アシスタントが出て、プロフェッサーはアフリカにいてしばらくロンドンへは戻らないとのこと。このますますごすごと日本に戻らなくてはならないんだろうか、わたし……。事務員のおばちゃんからもプロフェッサーに連絡をするから翌週また来るように言われ、待機することになりました。あまりにも突然のことで意味がわからなかったのですが、翌週、無事プロフェッサーから連絡があり、晴れて入学できることになりました。どうやら、大学の入学にかんしてわたしがプロフェッサーと直接やり取りをしていたため、大学の事務局に入学の連絡が入っていなかったとのことでした。何かの間違いで入学が一年延期などになったらどうしていたんだろうと思いますが、こんなちょっとしたトラブルはロンドンで生活しはじめたら日常茶飯事だということに後から気づかされます。思えばこれが最初の洗礼でした。

公的機関やさまざまな企業の事務作業にかんしては日本は世界一だと思います。早いし、正確だし、窓口の人も優しい。ところがイギリスときたら、だいたいみんな無愛想、遅いし間違えるし、強く主張して交渉しないとこちらが欲しいものは出てこない。銀行の口座を開設するにしても、飛行機のチケットをとるにしても、アパートの契約をするにも、まずメールをしても返事がない。電話連絡しても何十分も待たされ、オペレーターに繋《つな》がっても何かが間違えた状態で打ち込まれている（たとえばNatsukoをMatsukoなどと入力されることもしばしば……）。何をするにしても、窓口で顔をつき合わせてしっかりやったかどうかを見届けないと、終わったのかそうでないのかさえわからないことが多すぎて、日常生活を送るだけでも息切れしてしまう状態です。

誰かと喧嘩《けんか》をしたり、しっかり交渉すること、自分の意見をきっちり伝えることなんか、日本でしたこともありませんでしたが、こんな経験を通じて自分ですべてを主体的に動かし、生活をつくり上げてゆくことを学びました。たとえ英語がイギリス人のように綺麗《きれい》でなくても、伝えたいことが伝われればそれでいい。まさに、わたしの場合はこのようにサバイバルをしながら英語や交渉術は習得していったと言っても過言ではありません。

模擬国連でディスカッションを磨く

また、もうひとつ大学生活で印象的だったことがあります。大学がはじまり、二年目からは模擬国連のサークルに入りました。模擬国連とは、実際の国連で使われている会議の仕組みを使用して、一人ひとりが各国大使となり、特定の議題にかんして担当国の政策や外交関係を汲《く》み取りながら議論・交渉をし、決議を採択するというゲームです。日本にも模擬国連のサークルは存在しているので、興味のある人は模擬国連の事務局に問い合わせてみると良いでしょう。模擬国連は、年に一度、世界大会がニューヨークの国連や世界じゅうさまざまな場所で開催されていて、各国から代表団が集まり競い合います。

模擬国連の面白いところは、その国の大使になったらその国の人らしい考え方と振る舞いをすることが求められることです。たとえば日本の大使になったら日本人らしく平和を重んじ謙虚な振る舞いをするなかで、日本と実際に仲のよい国とともにリーダーシップを発揮することが求められます。逆にアメリカ担当になったら、背中に星条旗があるかのような気持ちでダイナミックなリーダーシップを発揮することが求められます。模擬国連の事務局は、このようなリーダーシップの取り方を審査し、高評価を得た人が最後に表彰されます。

ロンドン大学の模擬国連サークルは世界でも高い評価を得ており、わたしが参加したエジプト、シャルム・エル・シェイクの世界大会では何人もＭＶＰを受賞していました。わたし自身はアフリカやアジアの小さな国の担当をすることが多く、議論をリードすることはなかったのですが、それでも会議のなかで発言をして、仲の良い国担当の人たちから「さっきの発言、めちゃくちゃ良かった！」と肩にがっしりと手をまわされつつ激励されるととても嬉しく、世界じゅうから集まった学生たちと仲良くなる機会にも繋がり、発言の機会を探して自分なりに居場所をつくっていました。

そこで気づいたのが、南米やインドから来ている学生たちの話しぶりがとても自信に溢《あふ》れていて、おまけに話が長いということでした。ただ、彼らの話の内容は、まとめると五分の一ぐらいの時間で話せることだったりもします。言い方を変えれば、話の長さに比べて内容があまりないものが多いことに気づかされることもしばしばでした。普段の学校の授業でも同じことが言えて、わたしが通っていたロンドン大学には東洋アフリカ学院（ＳＯＡＳ）というキャンパスがあり、ここはとくにイギリス人以外の外国人が多い場所でした。わたしはこの東洋アフリカ学院でも授業をとっていたのですが、ここに来るとともにかく話が長い人が多く、授業のなかで議論が白熱して終わらないことも多かったのです。わたしは「話長いな、もっとまとめて言えないのかな」とイライラすることも多かったのですが、結局授業のなかで高い評価を得るのは発言が多くて自信たっぷりに話す南米やインドからの留学生だったりもして、話が長い、自信に満ち溢れているというのはずいぶんと得なんだなあと思ったりもしました。

そして、やはり授業のなかでも発言をしないと先生から評価すらされないという事態にも直面し、自分の意見をしっかりともつこと、どっちつかずは少なくともイギリスでは評価されない、ということにも気づかされました。日本にいた時は、なるべく政治や宗教の話はしてはいけない、意見も強くもってはいけないという風潮があり、グレーで終わらせることが多かったのですが、それではその場にいないのと一緒。どちらかのスタンスで意見をもち、発言を通じて授業に貢献しなければ空気と同じ、ということを言われ、どっちでもいいから、たとえあとからその意見が変わってもいいから、とにかく一度は自分の意見をもつことが大切なのだと学びました。

自分の軸をもつことを教えてくれた世界旅行

こんなことをくりかえしながら、自分の軸のもち方を習得していきました。そうしているうちに、さまざまな国の人たちと、国境や文化、宗教を超えて交流し、多様な価値観を学ぶことの面白さ、大切さが本当の意味で理解できてゆきました。

この経験から、なるべくたくさんの国や文化をもつ人たちと幅広く会って、話をしようと心に決めました。そのかたわらで、人口の半分以上が移民で構成されているロンドンで生活していると、日本にいた時よりも、だんだんと肩から力が抜けていく自分に気づきました。「常識的にこうせねばならない」「叩《たた》かれるから意見をもってはいけない」という無意識下で気をつけていた枠がどんどんと取り払われていくのがわかりました。とくに、女性だから意見をもってはいけないとか、女性だからおとなしくしなくてはいけない、というのは日本をはじめとしたジェンダーバイアスが残る国だけがもっている意識で、女王の国イギリスでは女性のほうがむしろ強く、のびのびしていることが心強く思えました。余談ですが、イギリスではまるで女王様のような振る舞いをしている強い女性がとてもモテていました。奥ゆかしい日本人女性もその一方で人気があったのですが、圧倒的に人気があるのは自分の軸をこれでもかというほど強くもっている女性の姿で、そんな女性を優しくエスコートする男性を街中ではよく見かけました。わたしからみてもそんな女性の生き方が強く逞《たくま》しく、とても美しいと感じましたが、この感覚は日本に住んでいたころはもったことがありませんでした。

こんな文化の違いが面白くて、学生時代はアルバイトをしてすこしお金がたまるとすぐにバックパックを背負い、ロンドンだけでなく、ニューヨークやシンガポール、香港などの街から、アフリカ、アジア、大陸ヨーロッパと、さまざまな国に飛行機で飛んで

パキスタン、フンザ渓谷にある 5,000 メートル級の山頂にて

旅をしました。泊まっていたのはユースホステルや安宿が中心でしたが、そこで出会う同世代の旅人からも、多くを学びました。自由気ままなラテン系のイタリア人や楽しいとすぐに踊り出すスペイン人、兵役を終えて世界一周の旅をしているイスラエル人、いつも環境問題のことをしかめっ面で熱く語っているドイツ人、村上春樹が大好きで自分探し真っ最中のアメリカ人など、個性溢れる人たちとたくさん出会いました。

英語が話せるというだけで、世界にはいろんな人がいて、自分の居場所は日本だけではないんだなと思えたのも良いことでした。日本でダメでも、世界に出ればいくらでも仕事はあるし、

ペルーの金鉱山にて。労働者の人権や安全性が保たれた環境で採掘されるフェアマインド・ゴールドの産地

暮らしていける。むしろ世界に出たほうがよいのではないかと思えるほどでしたし、ジュエリーブランドＨＡＳＵＮＡを立ち上げる時も、宝石の取引に国境は関係なく、世界じゅうの人たちと仕事がしたい、という気持ちもあり、これはこんな多様な国や文化を楽しんだ経験から出てきた価値観であると思います。旅の一期一会を、仕事を通じてずっと繋がっている関係にできたら素晴らしいなあとも思っていました。宝石の取引を通じて、インドやパキスタン、ペルーなどさまざまな国の人たちと繋がりをもてることがとても嬉しいし、たとえ足繁く通うことがなくても、宝石を通じていろいろな国の人たちと繋がれる感覚は、かけがえのないものです。

「生きづらさ」も大切な個性

こんなふうに、内向的だった自分がすこしずつ枠を取り払い、小さなころとは別人のように世界を渡り歩けるようになっていきました。ですが、じつはいまでも自分一人でぼーっとする時間が一日に一度はないと疲れてしまいます。また、子どもが小さいということもありますが、夜に会食を入れることも月に数回しかありません。基本的には自分の性格は小さいころと変わっていないのかなと思います。本当に心を割って話せる親友が二、三人いれば友人関係も満足してしまいますし、初対面の人が大勢いる場所はいまだに苦手で息苦しく感じたりします。

社長だから毎晩会食に出なくてはならないのかなと思い、創業してから数年間は毎晩のように二、三件は夜中の〇時すぎるまで会食や飲み会をハシゴしている時期もありましたが、それも出産を機に思い切ってやめました。会食も、飲み会も、人間関係も本当に必要なものはとても少ないように思えます。やめたからといって人間関係が崩れたことはなく、疎遠になった人もいるものの、とくに生活や仕事に支障はありません。取引がなくなったこともなく、むしろ自分の時間に余裕ができて良いことばかりでした。何事も、立場が変わったとしても、無理をしない、相手に合わせず自分の軸を守る、というのが大切なのだなと思います。

ですので、もし若い皆さんがいま生きづらさを感じていたり、人と一緒にいることに息苦しさを感じていることがあったら、それは自分の個性であり何の問題もないことだということをお伝えしたいです。人を不愉快にさせるのは良くないですが、必ずしも全員と仲良くする必要もなければ、自分の心を犠牲にしてまで誰かに尽くす必要もありません。自分の心地よさや人とのちょうどいい距離感が皆それぞれにあります。それでもがんばりたいという欲求は止めませんが、だからといって心を壊してまで無理をする必要もないのです。逃げ出したければ全力で逃げ出してもいい。嫌いなら嫌いでもいいし、好きなことに思い切り没頭する時間もとても大切です。これからの時代は、自分の好きなことを知ること、自分自身を知り個性を発揮することがより求められる時代になってゆくと思っています。起業をするしないにかかわらず、この本を読む皆さん一人ひとりの個性がより輝くことを願っています。

第6章　エシカル・ビジネスを起業したい君へ！――基礎知識編

社会貢献を仕事にするにはさまざまな方法があります。働いて多くの税金を納めたり、慈善団体に寄付をしたり、企業内でSDGs推進の部署で働いたり、エシカル・ファッションやHASUNAのようなエシカル・ジュエリーの会社で働くこと、NGOやNPO、国連等の国際機関の職員として働くことや、公務員として国のために働くことも社会貢献と言えるでしょう。社会貢献につながる仕事は多岐にわたります。

自分で起業することもそのアクションのひとつです。この章では、エシカルなビジネスを、どのように起業したら良いのかを、自分の経験を基にお伝えしたいと思います。皆さんが、自分で取り組むことができるワークも準備しましたので、ぜひ挑戦してみてください。ワークは、もしできればお友だちや家族と何人かでやってみて、お互いに検証し合うのも楽しいかもしれません。

①どの社会課題を解決したいかを明確にする

ビジネスを通じてこの世界を良くしたい。わたしが一貫して掲げている大きなライフワークですが、「世界を良くする」ということは、何らかの課題解決をするということに紐《ひも》付いています。たとえばわたしの場合、

・鉱山労働者の労働環境を改善したい
・世界から児童労働をなくしたい
・鉱山での水銀による環境汚染をなくしたい
・子どもや女性など社会的に弱い立場にいる人やマイノリティの人たちの力になりたい
・ジュエリー業界やファッション業界など、ものづくりに関わる人たちの貧困問題への無関心を何とかしたい

などという課題意識があり、HASUNAを起業するに至りました。

その人、その人によって社会課題の意識は異なるかと思います。わたし自身は学生時代の鉱山を訪れた経験に紐付いていることが大きいのですが、とくにそのような経験がなく、純粋に自然が好きだから、サーフィンが好きだから海洋環境汚染問題をなんとかしたい、と考えている方や、料理をすることや子どもが好きだから貧困家庭の子どもたちにお腹いっぱい食べさせてあげたい、と考えている方もいらっしゃるかと思います。たとえば自分が貧困家庭で育ったとか、両親が環境活動家だったとか、そうした原体験があったら説得力はもちろんありますが、大きな原体験がなくとも、理由は何だって良いのです。

やってみよう！　⑴自分の興味関心のある社会課題を探すワーク

ＳＤＧｓ一七項目（八四―八六ページ）のうち、とくに興味を惹かれるもの三つに○をつける。○をつけたものに対して、

A　とても興味があり、本を読んだりしてもっと知識を身につけたり、実際に問題が起きている現場にも行ってみたい

B　興味があり、もっと知識を得たいが、Aのように現場に行きたいほどではない

C　興味があるが、それ以上に深く調べたりはしない

とABCの三段階に分ける。Aをつけたものの課題にかんする本を数冊読み、どんなことが自分のアクションとしてできるのか、また、なぜ自分がその分野に対して興味があるのかを考えてみる。

②現状把握する

自分が関心のある社会課題がわかったら、次はその現状を調べます。ジュエリーやファッション業界での社会課題にはどのような種類のものがあるのか？　世界中の鉱山で

働いている子どもの数はどれだけいて、どんな団体がそれを解決しようと動いているのか。インターネット内は情報で溢《あふ》れていて根拠のないものも多いため、国連や各国政府、研究機関が出しているレポートや、NGOやNPOが出している報告書を参考にすると良いでしょう。社会課題を世のなかに訴えていくには、感情論だけでなくエビデンス（具体的な数字や研究結果）やデータをもとに訴えることも大切ですので、つねに情報はアップデートしながら進めることをお勧めします。

現状を把握したら、その課題に対して影響しているアクターに誰が存在するのか、アクターズマップを書いてみましょう（↓一三七ページ）。鉱山での児童労働を例にとってみると、各国政府、NGOやNPO、研究機関、仲買人、ジュエリーメーカー等になります。このマップをつくることによって、課題に対して誰と協力関係を築いていくのが良いのかがわかります。HASUNAは仕入れ時にフェアマインド・ゴールドを使用したり、安全な流通経路の宝石を取り扱うことで、パキスタンの貧困層の女性たちやペルーの鉱山労働者の仕事をつくることに間接的に貢献していますが、いま起きている鉱山での児童労働にかんしてジュエリーブランドとして直接的に働きかけることは難しいのが現状です。そのため、児童労働にかんして啓発活動をしているNGOやNPOとすこしでも協力できるように寄付をしたり、トークイベントなどを通じて多くの方に知っていただく機会を設けるなどをしています。また、小売を中心としたさまざまな業界の経営者やリーダー層、学生さんたちにこの課題を知ってもらう機会を多く設けるように働きかけています。それによって、エシカル・ファッションの会社を起業する人が出てきたり、協業の機会をいただくなど、仕事につながることもあります。自分が押すスイッチがどのような人に影響するか、あらかじめ予測しておくと、より効率的に大きな社会変革を進めることができます。

異なる分野の人を巻き込みながらソーシャルチェンジを起こしてゆくことも、エシカル・ビジネスの一つの役割です。たんなるお金儲《もう》けのビジネスではなく、その事業があることが化学反応を起こして、業界が変化してゆき、人びとの意識やライフスタイルが地球にとって良いものに変化してゆくのがこのビジネスの特徴とも言えます。もちろん、事業として成長させ利益を出してゆくことは大切ですが、事業や売上の大小に限らず、社会的インパクトの大きさを考えて実行し、実感できるのがこのビジネスの醍醐味《だいごみ》とい

えるでしょう。

二〇一三年一月に世界経済フォーラム　ダボス会議に参加しました。世界経済フォーラムは、経済、政治、学術研究者その他社会におけるリーダーたちが連携することにより、世界情勢の改善に取り組む国際機関のことで、スイスのジュネーヴに本部があります。この世界経済フォーラムは年に二回、大きな会議を行っており、そのうち一回が毎年一月にスイスのダボスで開催されるため、「ダボス会議」と呼ばれています。ビル・ゲイツ氏やバラク・オバマ元アメリカ合衆国大統領、グラミン銀行創設者のムハマド・ユヌス氏などまさに世界トップリーダーたちが何千人も一堂に会する会議です。

わたしは世界経済フォーラムの若手コミュニティであるグローバルシェイパーズの一員として参加しました。グローバルシェイパーズは、世界経済フォーラムが選ぶ、活躍する個人のことで、すぐれた潜在能力または実績をもち、社会に貢献する強い意志をもつ三三歳以下の人間が選ばれます。わたしも会社は小さいながらも、世界の鉱山における労働問題や環境問題をものづくり業界に啓発する役割に期待され、選んでいただきました。

ダボス会議では、本会議の前に世界五〇カ所から選ばれたグローバルシェイパーズ五〇名での小会議が二日間にわたって開催されました。起業家、政治家、官僚、アーティストなど多岐にわたる業界、文化、国から来たリーダーたちと、地球規模の課題にかんして語り合い、皆で交流を深め大きな刺激を得ることができました。

会議の最後に、世界経済フォーラムの方からグローバルシェイパーたちに伝えられたメッセージでとても印象的なものがありました。それは、「Be catalyst（触媒となれ）」という言葉でした。グローバルシェイパーたちはダボスの本会議に参加しているような方々と比較するとまだ若く実績も少ない人が多いが、一人ひとりがこれから世界を変えてゆく若者であり、ダボス会議で見たこと、感じたことを自国に帰り、まわりの人びとに語り伝え、触媒となることで世界をより良くしていこう、という意図が込められています。わたしがHASUNAのビジネスを通じて活動してきたことは、間違っていなかったと思えるような一言でした。ブランド自体はまだ小さくても、自分が触媒となることでまわりの人びとが変化し、その変化した人のまわりもまた変化してゆく。そんなポジティブな影響が与えられたら素晴らしいと考えています。エシカルなビジネスで起業をするということは、自分自身やスタッフ、関わる人たちが触媒となり、世界を変化させる一員になることにも意義があると考えています。

やってみよう！　(2)アクターズマップを描くワーク

左の図のように、そのビジネスや業界にどんなアクターがいるか可視化してみよう。会社名や団体名、インフルエンサーなど具体的な固有名詞を用いたアクターズマップでも良いです。

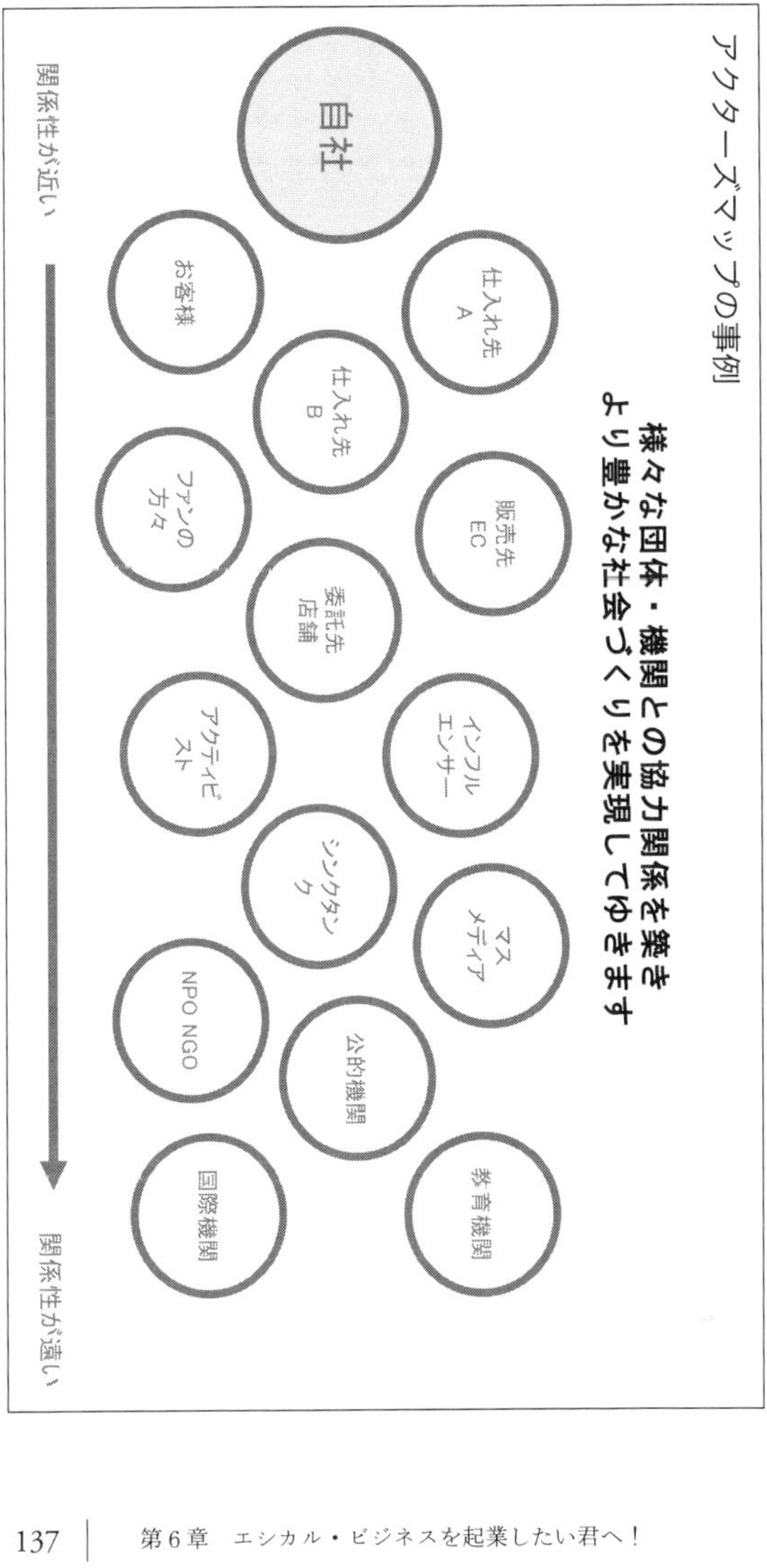
アクターズマップの事例
様々な団体・機関との協力関係を築き
より豊かな社会づくりを実現してゆきます
自社
仕入れ先A
お客様
仕入れ先B
ファンの方々
販売先EC
委託先店舗
インフルエンサー
アクティビスト
シンクタンク
マスメディア
NPO NGO
公的機関
教育機関
国際機関
関係性が近い
関係性が遠い

③マネタイズできる仕組みを考える

解決したい社会課題が明確になり、現状把握ができたら、次はマネタイズ（利益を生み出し商売として成り立たせるようにする）できる方法を考えます。もちろんこれらは同時並行でも、順序が逆でも構いません。事業としていくら崇高なミッションを掲げていても、自分自身や関わる人が食べていけなければ意味も説得力もありません。

・寄付金を集めるモデルをつくってＮＧＯやＮＰＯを立ち上げる
・人の隙間時間やスキルを使って貢献する団体をつくる
・ビジネスを通じて社会課題を解決する「社会起業」をする株式会社や合同会社を立ち上げる

など、団体の種類は多岐にわたっており、マネタイズする方法によってその種類が変わります。たとえばアジアの児童買春問題を社会課題として活動をはじめた認定ＮＰＯ法人かものはしプロジェクトは、「子どもが売られない世界をつくる」をミッションに、寄付を集めてカンボジアで最貧困家庭の大人に仕事をつくるための工房を設立しました。大人が安定した収入を得ることで、子どもが危険な出稼ぎに出ることを防いでいます。また、カンボジア警察の取締り強化のための訓練サポートもしてきました。現在ではカンボジアの児童買春問題が解決したと言える状態になったため、インドにも進出し、活動の場を拡げておられます。カンボジアでの活動は、二〇一八年に別法人として独立して活動を続けています。SALASUSU（サラスースー）というライフスタイルブランドを立ち上げ、工房でサンダルや鞄《かばん》などをつくることで雇用を生み出しながら現地の人びとにさまざまな教育も提供しています。カンボジアのシェムリアップに自社店舗があり、日本でもオンラインで鞄やサンダル、ポーチなどを購入することができます。

また、友人の慎泰俊《しんてじゅん》さんは企業で働きながらNPO法人Living in Peaceを立ち上げ、児童養護施設の子どもたちのサポート活動を行っています。NPO法人Living in Peaceには専任スタッフがおらず、全員が隙間時間や休日の時間を使ってボランティアで活動しており、スキルや自分の時間で社会に貢献することを実践しています。また、慎さんは現在、投資銀行や投資ファンドで働いたキャリアを活かして「民間版の世界銀行をつくる」ことを目指し、五常・アンド・カンパニー株式会社を起業してスリランカやインド、ミャンマーなど世界中を飛び回っています。五常・アンド・カンパニー株式会社は、世界中の新興国で、銀行からお金を借りることができない人たちに事業資金を貸し出すマイクロファイナンスの事業を行っています。たとえば、カンボジアの機織りのできる女性に対して、機織り機を購入するお金を融資し、シルクのストールをつくって生計を立てられるよう支援した事例や、ミャンマーの洋服の縫製ができる女性に対してはミシンの購入代を融資し、自活できるようにサポートしているなどの例があります。慎さんのビジネスを通じて小さな起業家たちが何十万人も世界に生まれていると思うと、素晴らしい仕事であるといつも感動しています。

わたし自身は株式会社というかたちで、ジュエリービジネスを通じて社会課題を解決する道を選びました。わたし自身が学生の時に関わっていた社会貢献団体が、寄付金を集めるのにとても苦労していたことに疑問を覚えていたことが理由のひとつとして挙げられます。目的は子どもたちの生活支援など崇高なことであるのに、関わる職員やボランティアでは四六時中ファンドレイジング（寄付金集め）していなくてはならないことにとてもジレンマを感じていました。もちろんファンドレイジングも大切な仕事なのですが、寄付金を必死になって集めることなく、事業そのものを通じて社会に貢献することや課題解決をすることはできないのだろうかと考えて行きついたのが、ビジネスを通じて社会課題を解決する「社会起業」というかたちでした。

ここで大切なのは、NGO、NPOの寄付金を集めることを否定することでなく、自分がどのようなスタンスで関わりたいかということです。寄付金を集めて素晴らしい貢献を行っている団体も多くありますし、それも立派なマネタイズの仕組みであると考えています。実際に寄付金を求めている支援先は世界中にあり、わたしもわずかではありますが毎月寄付をさせていただいている団体も複数あります。ですが、わたし個人としてはファンドレイジングを仕事にするのではなく、事業を通じて貢献がしてみたい、という思いから、ビジネスの仕組みで解決できないだろうかと考えました。

イギリスでの学生時代、富の不均衡にかんしてレクチャーを受けたさい、世界の八〇%の富を二〇%の人が享受しているという話がありました。この不均衡をなくすには、ビジネスを通じてお金のあるところからないところへ流通させることが大切なのだろうと考えました。その流通のさせ方はもちろん寄付などでもよかったわけですが、寄付になるとその時の個人の経済状況や国際情勢も大きく影響してくるのではないかと思い、それであれば、世界の富める二〇％の人のお金を、お金のないところに流すようなビジネスはないだろうかと模索しはじめました。

大学卒業後、インターンとしてベトナムの国連で働くなかで、さまざまな仕事に関わる大人にインタビューをしてまわりました。そのうちの一人がベトナムのハノイに拠点を置く日系企業の商社マンで、その方に「貧困問題はどのようにしたらなくなると思いますか？」と疑問をぶつけてみると、こんな答えが返ってきました。「お金というのは地球にとって血液のようなもの。その血液の循環を促すのがビジネス。悪いビジネスをすれば地球が病気になるし、良い流し方をすれば健康になる」

学生時代に、お金は悪だとか、資本主義が貧困や環境問題を生み出した、と批判する意見ばかり聞いていたわたしにとっては衝撃的な概念でした。お金やビジネスそのものが悪では決してなく、それをうまくまわすのも、悪くするのもわたしたち人間次第なのだな、と。だったら資本主義のなかで、お金をうまくまわす仕組みを考えたいと思ったことも、わたしがビジネスを通じて世界に貢献したいと考えたきっかけのひとつです。

ここから、どんな仕組みであればマネタイズができるかと模索し、日本帰国後に投資ファンド事業会社で働きながらいくつものビジネスモデルを考えました。ファンドの会社にいた経験を活かして、社会起業家を支援するようなマイクロファイナンスの事業を行うことや、わたしが働いていた投資ファンドが海外のリゾート開発に関わっていた会社でもあったため、途上国のリゾート地の土地を買って、エコリゾートをつくり、外国人にお金を落としてもらって、地域経済を潤わせるようなことをするとか。他にもいくつものビジネスモデルを考え、それぞれの分野ですでに事業を行っている人たちに事業計画を見せながら意見を聞き、必要な事業資金や現実性を精査してゆきました。

精査するさいに、自分で事業を立ち上げた起業家や、経営者に意見を伺いに行くことが多かったのですが、すべてのビジネスモデルのなかで、自分がもっともわくわくして自分の身の丈ではじめられ、自分自身の経験が活かせるものがジュエリーのビジネスでした。インドの鉱山で出会った鉱山労働者のことが忘れられず、何もできていない自分に対してふがいなく思っていた心のもやもやも大いに判断基準として影響しましたし、何よりもわたし自身がファッションやジュエリーの世界に小さなころから憧れをもっていたことは、心がわくわくしたことにもつながっていたのだと思います。起業をした人たちや経営者は口をそろえて「起業は自分の夢を追いかける高揚感を胸に、すごく辛いことがどこまでいってもある茨の道だ」とか「経営者は孤独との戦いだ」とわたしにアドバイスしてくれていたのですが、自分の好きな仕事であれば、乗り越えられる確信がありました。

起業をしてみないと自分が起業に向いているかどうかもわからないし、一生に一度の起業になるかもしれない。だったら究極的に好きな仕事をしようというのも、この時に考えたことのひとつです。

これらは感情的な判断ですが、ビジネス的な判断としては、ジュエリービジネスは原価率が総じて低く、取引のなかでブラックボックスとなっている部分が多い、既得権益があり業界が古くなっているというところにも新たなアイデアで風穴を開けられる可能性を見出《みいだ》しました。マネジメント層が創業者ではない経営者の多い古い業界は、新規事業やまったく新しいビジネスモデルは思いつきづらく、新しいアイデアをもった起業家が新規参入できる可能性を大きく秘めています。ジュエリー業界では、鉱山から日本の宝石の卸売り業者に届くまではブラックボックスと化していることが常識で、大半の宝石類や金属は出自がわかりません。もしかしたら児童労働に関与しているかもしれない、化学物質で土地を汚染しながら採掘した金かもしれない。武器輸出の対価になったダイヤモンドかもしれない。これを見える化するのはコストがかかり、都合が悪いと考える人や企業も多いため、わたしやＨＡＳＵＮＡの存在は目の上のたんこぶとして見ている人も多かったかと思います。

　現在では、ジュエリー業界でも素材の調達の透明性をはかることや、責任のある調達をすることが良いことが謳《うた》われるようになってきて、ようやく時代が追いついてきたのかもしれないと感じているところです。創業時は、いずれはエシカルな取引が当たり前になることは想像ができたので、当たり前になるまでの何年かのあいだでブランドを築き上げることが大切だと考えていました。

　まとめると、自分が諦めないで臨める分野の仕事と業務内容（感情面）、お金がまわせる仕組み（ビジネス面）の両方を組み合わせ、マネタイズを考えていくことがとても大切です。

④事業計画書の作成

取り組むべき社会課題、現状把握、マネタイズの仕組みが決まったら、次は事業計画書をつくりこみます。これは、仲間集め、資金集めのためにひじょうに重要なものになります。形式はパワーポイントとエクセルでつくることが多いですが、パワーポイントはビジョンやミッションを書き、社会課題や仕組みなどを説明する資料となり、エクセルは数字面での説明をするための資料になります。ただ、本当に初期の段階ではエクセルで数字をいくら精緻にたたき出しても計画通りにはいかないことがほとんどですので、あまり必要のないものかもしれません。大切にしていただきたいのは、これが、この事業に加わってほしい人や、支援してほしい人などにあなた自身が熱く想いを語る時に「補足」するための資料であるということです。いくら素晴らしい資料をつくったとしても、あなた自身が情熱をもっていないことには誰の心も動かすことはできません。

わたしも、取引先に事業の説明に行く時は、資料を中心に話をするのではなく相手の目を見ながら話すことがほとんどです。とくに、投資家からお金を集める時に投資家が見ている一番のポイントは、その起業家自身の情熱や人となり、その人が本当にあきらめないか、心が折れても、チームが解散してしまっても、這《は》いつくばって意地でも打席に立ち続けることができるか、という点なのです。わたしが尊敬する投資家に、第四章でもふれた谷家衛《たにやまもる》さんという方がいらっしゃいます。谷家さんがくりかえしおっしゃっているのは、どんな事業かよりも「どの人がやるか」が投資判断基準である、ということです。起業家には失敗はつきものですが、どんな局面に陥っても打席に立ち続ける人が起業家として成功する、という話を投資家の方からはよく伺います。

二〇一八年、二〇一九年に縁あって三度ほど、イスラエルに渡りました。イスラエルは、三大一神教の聖地であるとともに、スタートアップ大国とも呼ばれ、国民一人あたりのスタートアップ起業率が世界一という国であります。そこでも聞いた話が、イスラエルでは失敗は決してネガティブなことではなく、一つの失敗を乗り越えることで成功確率が一段階上がるという気持ちで新しいことに臨むのだそうです。そして、投資家が投資を決めるさいには、その起業家が過去にどのような失敗をして、そこから何を学んだかを必ず確認するとのことでした。失敗＝チャレンジという言葉に置き換えたほうが良いのかもしれません。

話は事業計画に戻りますが、事業計画書のなかにはこのようなことを含めるのが一般的です。

(1) ミッション、事業の目的
(2) 解決したい社会課題、問題提起と自分がやる理由
(3) 市場規模
(4) 3C（Competitor, Customer, Company）
(5) 4P（Product, Place, Price, Promotion）
(6) ビジネスモデル
(7) チーム編成
(8) 財務計画（PL, BS, CS, Cap Table etc.）
(9) 協力を仰ぎたいこと（人的リソースや資金など）

事業計画書をつくってみよう！ (1)ミッション、事業の目的

自分の事業がどんなミッションと目的をもっているのか、簡潔に書きましょう。ここではわかりやすさがとても重要で、あまりに複雑で長いミッションや事業目的を描いていると、理解が得られずついてこられない人も多く出てしまうので、できる限り短く強いメッセージが望ましいです。インターネットで検索すると、さまざまな会社のミッションや事業目的が出てきますので、自分の興味のある分野や気になる会社のウェブサイトでチェックして、参考にするのもおすすめです。準備のために、左の質問に回答してみましょう。

質問1　あなたの事業の存在によって、一〇年後、どんな社会を実現したいでしょうか？　三〇字以内で簡潔に表現してみましょう。

質問2　あなたの事業はお客様のどのようなニーズに答えていますか？　誰の、

どのような課題を解決しているのか、書いてみましょう。

事業計画書をつくってみよう！　⑵解決したい社会課題、問題提起と自分がやる理由

解決したい社会課題を探すことにかんしては、前述のワーク（一二九―一三〇ページ）でご紹介したので次はこの社会課題を明確に記載します。どこの国の、どんな地域に、どんな課題があるのか？　たとえばファッション業界にかんしていうと、日本で二〇一七年度、余剰在庫になった洋服は全体の供給量約二八億点のうち五〇％を占めており、約一四億点が売れ残り、セール等で販売できなかった新品の洋服が大量に廃棄されている。幼いころからおしゃれが好きで、ファッション業界に憧れていた自分自身はこの数字を見てとても衝撃を受けた。若い世代がファストファッションや安かろう、悪かろうの商品を積極的に購入していることが一つの要因とも言えるため、そうではないファッションの会社を立ち上げたいと考えている。自分自身はデザインを学業のかたわらで独学で勉強しており、これからもさらに磨きをかけたいと考えている……など、その業界が抱えている課題をエビデンスを基に話し、そこに自分自身がどのような当事者意識や感情をもっているのか、なぜ自分がそこに対してアクションを仕掛けて行きたいのかを明確にします。左の質問に答えていくと良いでしょう。

質問1　あなたが解決したい社会課題は何ですか？
質問2　その社会課題はどこに問題があり、誰が（何が）どのぐらい影響を受けているのか、エビデンスを用いた数値で書いてみましょう。
質問3　あなたがその社会課題を解決する理由は何ですか？　また、あなたがやらなくてはならない理由はどこにありますか？　他の人ではなぜ解決できないのでしょうか？

この質問は、エシカル・ビジネスの事業計画書の特徴でもあると考えています。

通常は解決したい社会課題や、社会課題の現状などは事業計画書には含まないことが多いですが、このビジネスがあることによって、どのような社会的インパクトが見込めるのかが、協力者を仰ぐ時に大切になってきます。このビジネスに関わることによって、社会課題を解決するという大きなミッションに一緒に参加できることになるのですから、そもそもこの世界にはどんな問題があって、どう解決できるのかを明確にしておくことはとても大切なのです。

事業計画書をつくってみよう！ (3)市場規模

市場規模にかんしては、あなたの事業を展開する業界が年間でいくらの売上規模があるのかを書く場所です。たとえば矢野経済研究所のリサーチによると、二〇一九年の日本のファッション小売業界の市場規模は、九兆一七三二億円、細分化すると紳士服部門で二兆五四五三億円、婦人服部門で五兆七一三八億円、ベビー・子ども服部門は九一四一億円になります。市場をこれから創造する方法もありますが、基本的には市場が存在しない事業は初期段階で顧客をつくることのハードルが高く、つまずく可能性も高いのでわたしはおすすめしていません。また、基本的に日本は人口が減少し続けていることから、今後伸びる市場が少ないと考えられており、そのなかでもこれから確実に伸びるという証明ができればよりベターです。たとえば日本国内の国際フェアトレード認証製品市場規模は年々成長しており、二〇一八年は一二四億三六〇〇万円で、一〇年前と比較すると六倍以上に成長していること、ミレニアル世代、ジェネレーションZ世代の消費行動がエシカルやサステイナビリティを重視していることが何らかのデータや調査結果で記載できれば、このビジネスが成功するより良い証明材料になります。左の質問に答えていきましょう。

質問1　あなたの事業を展開する市場規模は年間いくらありますか？

質問2　その市場は毎年どのぐらい伸びていますか？　衰退しているのであれば、

伸ばせる可能性はどこにあると考えていますか？

事業計画書をつくってみよう！ (4)3C

マーケティングの3Cは事業をつくるうえで欠かせない観点です。マーケティングの3Cとは、Competitor（競合他社）、Customer（顧客）、Company（自社）の分析をすることです。Competitor（競合他社）分析は、近しい業界にどのような企業やブランドがあるかを見える化し、競合他社が同じような商品をどこで、いくらでどのような販促や広報をして販売しているかを分析します。Customer分析は、ターゲット分析といって自社の製品やサービスを使う人たちがどんな生活をしていて、どのような考えをもっているかを詳細に書きます。Company（自社）分析は、自分の会社・事業の強みと弱みを洗い出しますが、SWOT分析をするのが一般的です。次のワークを書いてみましょう。

ワーク1　競合他社分析の第一歩として、競合他社マップをつくってみましょう

縦軸は販売しているものの価格の高さ、安さを書き、横軸は利便性やデザイン性、手に入れやすさや入れにくさなどの切り口で書きますが、縦軸、横軸はその業界や製品・サービスによって異なってきますので、ご自身で考えてみてください。

ワーク2　顧客像を洗い出すワークとして、ターゲット分析をしましょう

あなたの製品やサービスを使う人たちの、年齢、性別、居住場所、ステータス（働いているのか、学生か）、働いている場合は年収と働いている場所、職業、家族構成、ペットの有無、趣味、好きなブランド、よく読む雑誌やよく使うアプリ、平日・休日の過ごし方など、一枚でまとめます。

ワーク3　自社分析として、SWOT分析をしてみましょう

SはStrength（強み）、WはWeakness（弱み）、OはOpportunity（市場機会）、

Tは Threat（脅威）です。こちらもインターネットで「SWOT分析」と検索するとたくさんの事例が出てきますので、参考にしつつ、つくってみてください。

事業計画書をつくってみよう！ (5) 4P

マーケティングの4Pは、前述の3Cと同じく事業をつくるうえで欠かせない観点です。四つのPは、Product（製品やサービス）、Place（販売する場所）、Price（価格）、Promotion（販促）のことです。Product（製品やサービス）は、自社で開発もしくは販売する製品、商品、サービスがどのような特徴のあるものかを書き、Place（販売する場所）では販売チャネル、つまりどこで販売するかを書き出します。自社店舗なのか、百貨店やセレクトショップに卸売をするのか、インターネットで販売するのか、インターネットで販売するならどのサービスを使うのか等を書き出します。Price（価格）は製品やサービスをいくらで販売するのか、競合他社と比較して妥当な価格なのかを書き出し、Promotion（販促）はどこでお客様に認知してもらうか、インターネットの検索広告なのか、SNSなのか、テレビCMなのか、口コミなのか、インフルエンサーにお願いするのか、さまざまな方法があるなかで、自社に合っているものを記載します。

事業計画書をつくってみよう！　(6)ビジネスモデル

ビジネスモデルとは、自社の製品やサービスを、どのように仕入れ、製造販売し、お客様がどのように購入するかのお金の流れを簡潔に図で表現するものになります。ここでは『ビジネスモデル2.0図鑑』（KADOKAWA、二〇一八年）という本が一〇〇のビジネスモデルを図解しているので一度目を通されることをおすすめします。

事業計画書をつくってみよう！　⑺チーム編成

誰が代表で、この事業を一緒につくるのにどんなメンバーがいて、どのような役割分担なのかをここで記載します。起業初期の段階ではすべてのメンバーがすべての仕事をこなす必要のある時もありますが、一般的には、創業者であり事業を牽引《けんいん》する役割のＣＥＯ（代表）がいて、ＣＦＯ（資金繰りや財務面を担当する役割）、ＣＴＯ（ウェブやオンライン、システムまわりなどの技術面を担当する役割）がいて、これに加えて外部のアドバイザーや協力者を記載します。事業によっては、ＣＥＯがＣＦＯを兼務していたり、エンジニアやプログラマーが起業するとＣＴＯの役割をＣＥＯが担っていたりもするので事業やメンバーによって異なります。

ここで大切なのは、メンバーのプロフィールを二〇〇文字以内で簡潔に書き、それぞれのメンバーの強みと弱みを補い合えるチームなのか、困難があっても支え合える信頼があるかを証明することです。メンバーが起業経験がなく年齢も若い場合は、外部アドバイザーとして起業経験のある専門家がいるとより良いでしょう。

事業計画書をつくってみよう！ ⑻財務計画

財務計画は事業計画書とは別の資料で、エクセル形式でつくっておきましょう。財務計画で必要なのは、ＰＬと呼ばれる損益計算書、ＢＳ＝貸借対照表、ＣＳ＝キャッシュフロー計算書となります。このほかにもCap Table（資本政策表）が必要な場合もありますが、これは株式で資金調達をするさいに必要となるものなので、その必要が出た時につくります。初期段階の事業計画書上にはＰＬとして初年度から五年目までにどのぐらい売上を見込んでいて、経費はどのぐらいかかって、最終的に利益が年間いくら出るのかを書くことができれば充分です。ＢＳ、ＣＳ、Cap Tableにかんしては、実際にビジネスを動かしながらつくるのでも遅くはありません。もっとも大切なのは、ＰＬをベースとしてこの事業がいくらの製品やサービスをどこで何人に販売して、そこからいくら売り上げて、どのぐらい経費がかかって、どのぐらい利益が出るのかを予測することで、ここをまずしっかり押さえるのが、事業をつくるうえでの基本中の基本となります。

事業計画書をつくってみよう！ (9)協力を仰ぎたいこと

わたしが講演やプレゼンテーションの機会をいただいたさいには、かならず最後に聞いてくださっている方にお願いしたいことを書きます。たとえば、創業初期段階ではさまざまな分野で手伝ってくれる人を募っていたので、事業の戦略にくわしい人や広報にくわしい人、ジュエリーデザイナーを募集しています、などと記載していました。現在では、資金調達をしにいく時は、いつまでにいくら、どのような用途で必要なのかを明確に書きますし、協力を仰ぎに行くさいはどのプロジェクトにどのように関わって欲しいのかを書きます。また、とくに創業初期段階ではボランティアやプロボノというかたちで関わってくれる人を募集してもいいでしょう。プロボノとは、プロフェッショナルなボランティアのことで、なんらかのスキル、たとえば弁護士、会計士、税理士としての知識や、事業コンサルティングのスキルを無償で提供し、社会的な事業に貢献をする人たちのことを指します。HASUNAも初期段階では、戦略コンサルタントやマーケティングのプロフェッショナル、ジュエリーデザイナーなど多岐にわたるプロフェッショナルの無償協力をいただきながら、事業計画のつくり込みを行いました。

自分の事業を人前で説明できるような機会に恵まれたら、一番後ろのページにかならず(9)は含めることをお勧めします。ただ、事業の説明をしただけでは、聴いている人は何を求められているのかが曖昧に感じられてしまうかもしれませんし、応援したくても応援の仕方がわからないことが多いです。そこで、「マーケティングにくわしい方を募集しています」「ウェブのデザインで協力してくださる方を募集しています」など具体的に記載することで、聴いている方自身が協力をしてくださったり、その方の友人知人を紹介してくれたりすることもあるため、自分の事業の

ニーズを明確に言語化して人に伝えることがとても大切なのです。

事業計画ができたら自分で起業したことのある人にレビューをしてもらいましょう。

昨今では、地方自治体などが起業家を招いた起業セミナーを開催していることも多くありますので、そうした機会に申し込んで、起業家に依頼してみるのも良いかと思います。

起業家は誰しも自分で事業計画を書き、悔しい思いをしながら改善に改善を重ねた経験があり、どうしたらマネタイズできるのかを考え抜いているので、起業家当事者の視点でフィードバックをもらうことがとても大切なのです。

最後に一例として、オーガニック離乳食の定期宅配サービスの事業を興すことを想定して書いた「事業計画書」を載せておきます。ぜひ大きな志を胸に、事業計画を考え抜いて書いてみてください。

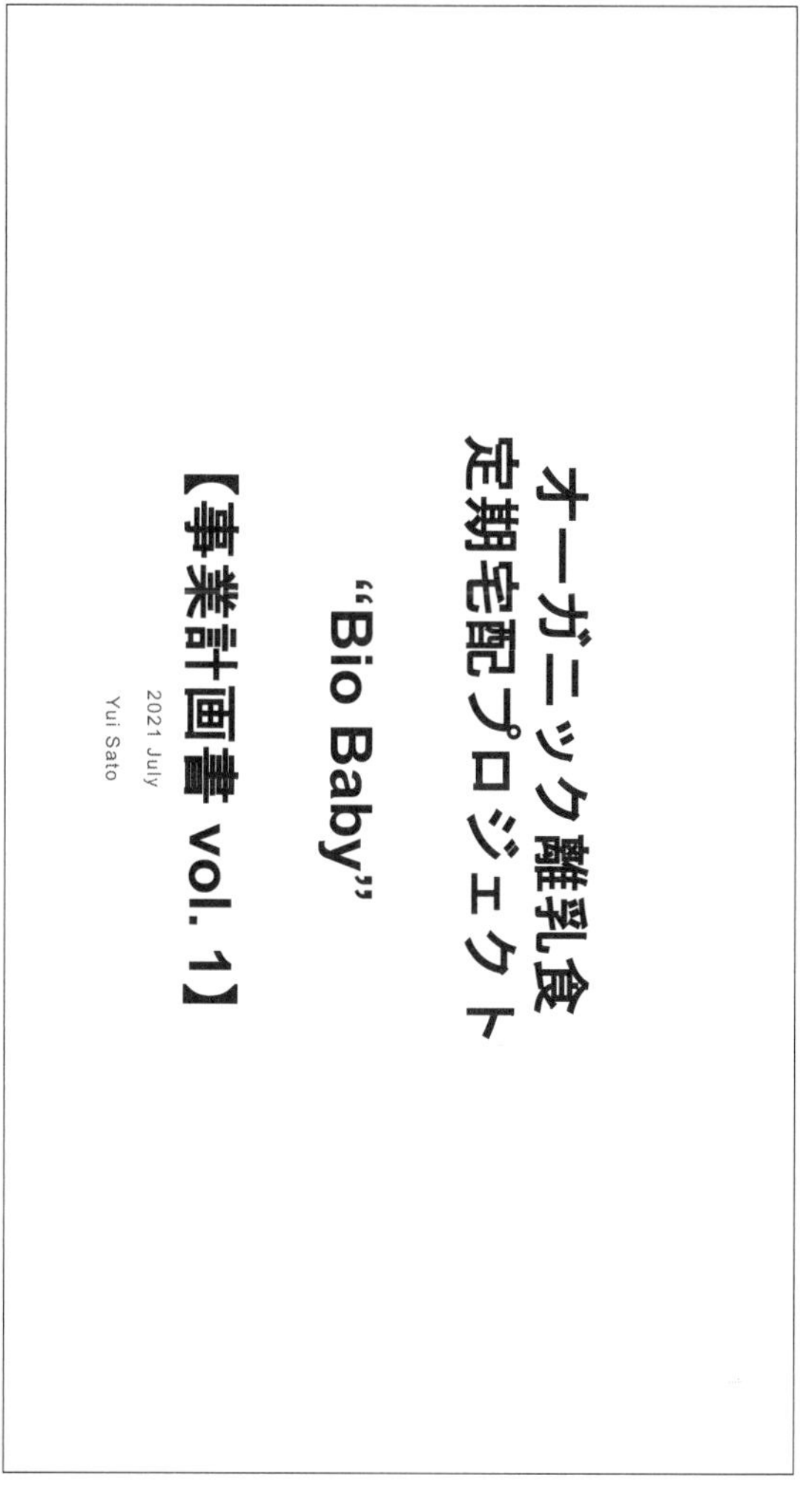
オーガニック離乳食
定期宅配プロジェクト
“Bio Baby”
【事業計画書 vol. 1】
2021 July
Yui Sato

目次

1. ミッション
2. 問題提起——Problem & Why me?
3. 市場規模
4. 3C
5. 4P
6. ビジネスモデル
7. チーム編成
8. 財務計画
9. お願い

2

1. ミッション

Mission

オーガニック・ベビーフードを通じて サスティナブルな循環型社会を実現する

日本のオーガニックフード普及率はいまだ低く、
子どもの発育に大事な離乳食期にも入手しづらい環境にあります。
また、女性活躍により共働きの家庭も増え、安全で充分に栄養のある離乳食が用意しづらい環境でもあります。
私たちは、働くパパ・ママのために
安心、安全のオーガニック素材を使用した離乳食を定期宅配で提供することで
子どもの健康と心身の発達に貢献し、環境にも配慮した原材料を使用することで、サスティナブルな循環型社会を実現します。

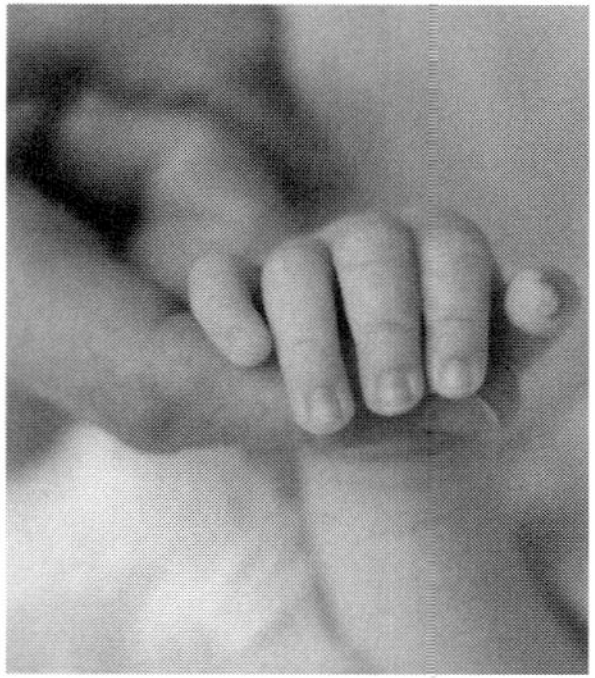

2.　問題提起

Problem

- オーガニックの素材でできた離乳食は値段が高く入手が困難
- 共働き家庭だと、手づくりする時間が確保できない
- 身体をつくるのが大切な時期の赤ちゃんに、ちゃんとした離乳食をつくることができない

▼

有機野菜を使用した冷凍離乳食の定期宅配で
赤ちゃんにも安心・安全な食事を提供

2. 問題提起

Why me?

- 共働きの両親に育てられる
- 歳の離れた兄弟の面倒を見ていて、離乳食づくりの経験がある。当事者として大変さに直面していた
- 管理栄養士の資格取得のため勉強中
- 有機農家の親戚がおり、安価で仕入れが可能

3.　市場規模

市場環境 拡大する国内の有機食品市場

- ◆ 日本国内の有機食品市場は拡大傾向にある
- ◆ 近年の消費者意識・行動の変化によって、Market Opportunityが存在

有機食品の市場規模

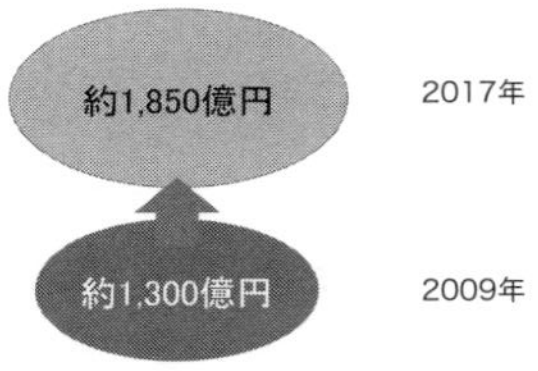

農林水産省 2019年「有機農業をめぐる我が国の現状について」

Market Opportunity

1. 高まる消費者意識（健康志向やエシカル消費の認知拡大）
2. 有機農業への参入促進政策により有機農家の数は拡大傾向
3. 有機農産物を取り扱うスーパーが増え、認知が拡大
4. 共働き家庭の増加により可処分所得が増加
5. ネットスーパーや宅配惣菜事業の増加
6. SNSやD2Cなど食品の購入プロセスの変化

3.　市場規模

市場環境 共働き夫婦の世帯数は年々増加

- ◆ 少子化は進んでいるものの、共働き夫婦は年々増加
- ◆ 宅配惣菜や料理キットの市場は伸びており、今後も需要が高まることが予測される

専業主婦・共働き夫婦の世帯数、家族類型

専業主婦世帯と共働き世帯（1980年〜2020年）

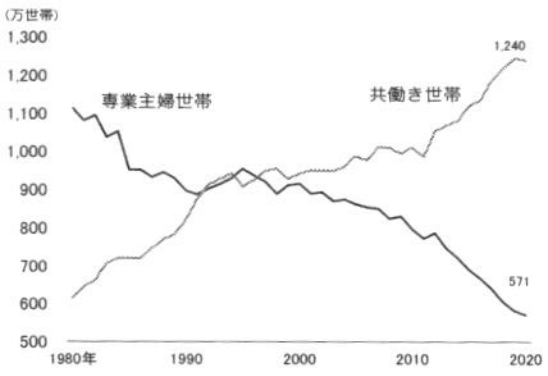

資料出所：
総務省「労働力調査特別調査」、総務省「労働力調査（詳細集計）」
注1 「専業主婦世帯」は、夫が非農林業雇用者で妻が非就業者（非労働力人口及び完全失業者）の世帯。2018年以降は、厚生労働省「厚生労働白書」、内閣府「男女共同参画白書」に倣い夫が非農林業雇用者で妻が非就業者（非労働力人口及び失業者）の世帯。
注2 「共働き世帯」は、夫婦ともに非農林業雇用者の世帯。
注3 2011年は岩手県、宮城県及び福島県を除く全国の結果。注4 2013年〜2016年は、2015年国勢調査基準のベンチマーク人口に基づく時系列用接続数値。

共働き世帯の家族類型（2018年）

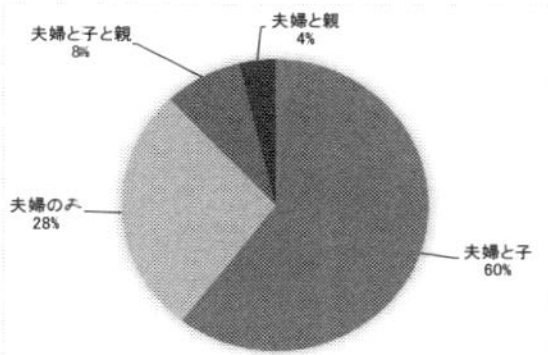

資料出所： 総務省「平成30年労働力調査」

国内ミールキット市場

ミールキット市場規模・予測（2020年）

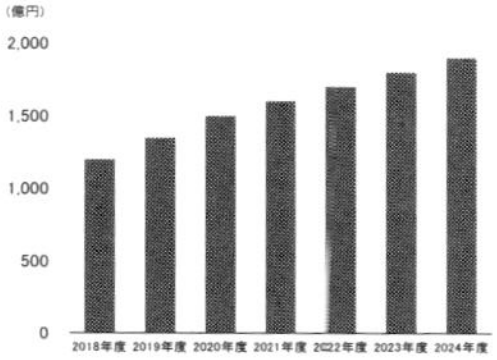

資料出所： 株式会社日本能率協会総合研究所　2020年

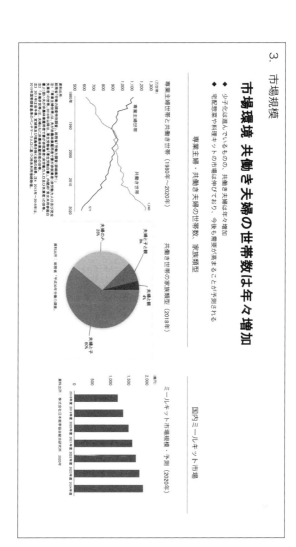

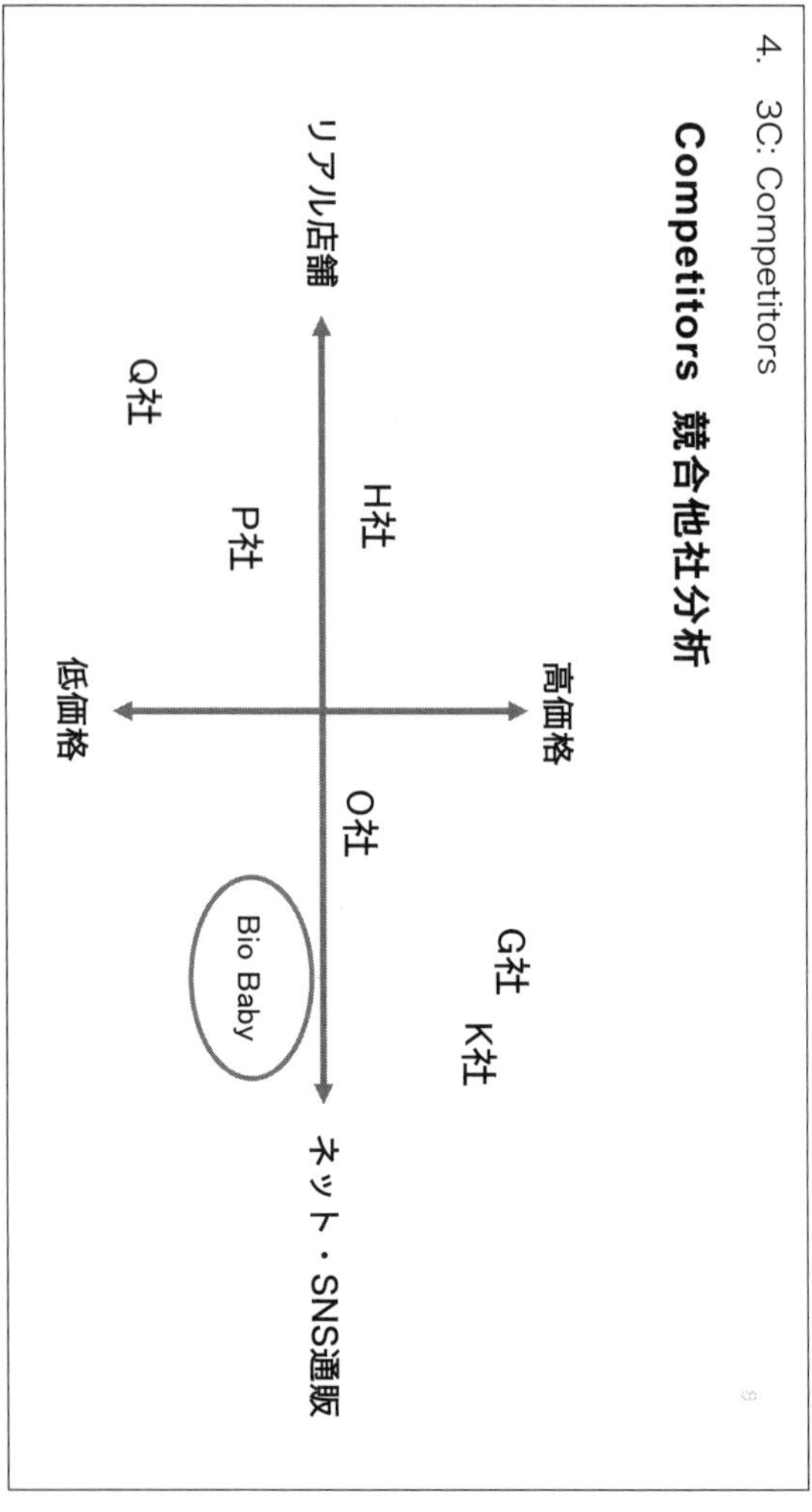
4. 3C: Competitors
Competitors 競合他社分析
リアル店舗
ネット・SNS通販
高価格
低価格
Q社
H社
P社
O社
G社
K社
Bio Baby

4. 3C: Customer

Customer ターゲット像

プロフィール
名前： 後藤理人、友紀
年齢： 35歳、36歳
家族構成： 夫、妻、3歳、0歳の子ども、小型犬1匹
学歴： 首都圏の4大卒
居住地： 東京都世田谷区（二子玉川駅）
世帯収入： 1,200万円
趣味： 旅行、読書
勤務先： 夫 金融関係 妻 メーカー
購読雑誌： ほとんど読まないが、妻はVERYやCREAなどをヘアサロンで時々読む
SNS： FB、Instagram（FB、インスタともに非公開アカウントで更新は少なめ）
使用デバイス： iPhone
情報源： Instagram広告、FBで友人がオススメするもの
購買に優先する項目： 利便性、機能性、コストパフォーマンス
好きなブランド： パタゴニア、SHIPS、green label relaxing
ショッピングする場所： 二子玉川
検討段階： 検索キーワード「離乳食 通信販売」
商品選択の基準： 利便性、安全性

[ライフスタイル]
平日は2人ともフルタイムでしっかり働き、夜や土日は家族との時間を大切にする。
最近生まれた0歳児の離乳食がはじまり、安心安全な食材で準備する手間を省くため、離乳食の通販を検討している。

4.　3C: Company

Company　SWOT分析

	Positive	Negative
内部環境	強み（Strength） • 有機農家の親戚から安い有機野菜を仕入れられる • 提携工場も知人づてで開拓済 • 管理栄養士の資格取得予定	弱み（Weakness） • マーケティング力が乏しい • 資金力がない
外部環境	機会（Opportunities） • オーガニックフードの需要は年々上昇 • 共働き家庭が増え、ミールキットや宅配惣菜、宅配料理市場が伸びている	脅威（Threats） • 同業他社の参入 • 生産者の野菜供給が不安定

10

5. 4P: Product, Place, Price, Promotion

Product 商品

- 瓶詰めの離乳食を定期宅配でお届け（月1回～4回）
- 湯煎または電子レンジで解凍するだけ
- 瓶はお届け時に回収することでリサイクルする

※瓶またはレトルトパウチのどちらかを検討中

Place 販売場所

- オンラインストア
- SNSを介した通販（Instagramストーリーズ等）

Price 価格

- 1回のお届け（10食）で3,000円台（送料込）
- 競合他社は10食で2,500円～5,000円

Promotion 販促

- SNS広告、ライブ動画配信
- インフルエンサーマーケティング
- Google等の検索広告
- 高級スーパーのpop up shop

6.　ビジネスモデル（ヒト、モノ、カネの流れを明確に書く）

12

Business model

- ◆　提携有機農家から市場に出回らない規格外野菜を安価で仕入れることで、コストを抑える
- ◆　定期宅配のサブスクリプションモデルで月額会員を増やす
- ◆　ゆくゆくは、離乳食だけでなくカスタマーのニーズに合わせて成長した子どものおやつや普段の食事の定期宅配事業に進出することを計画しています

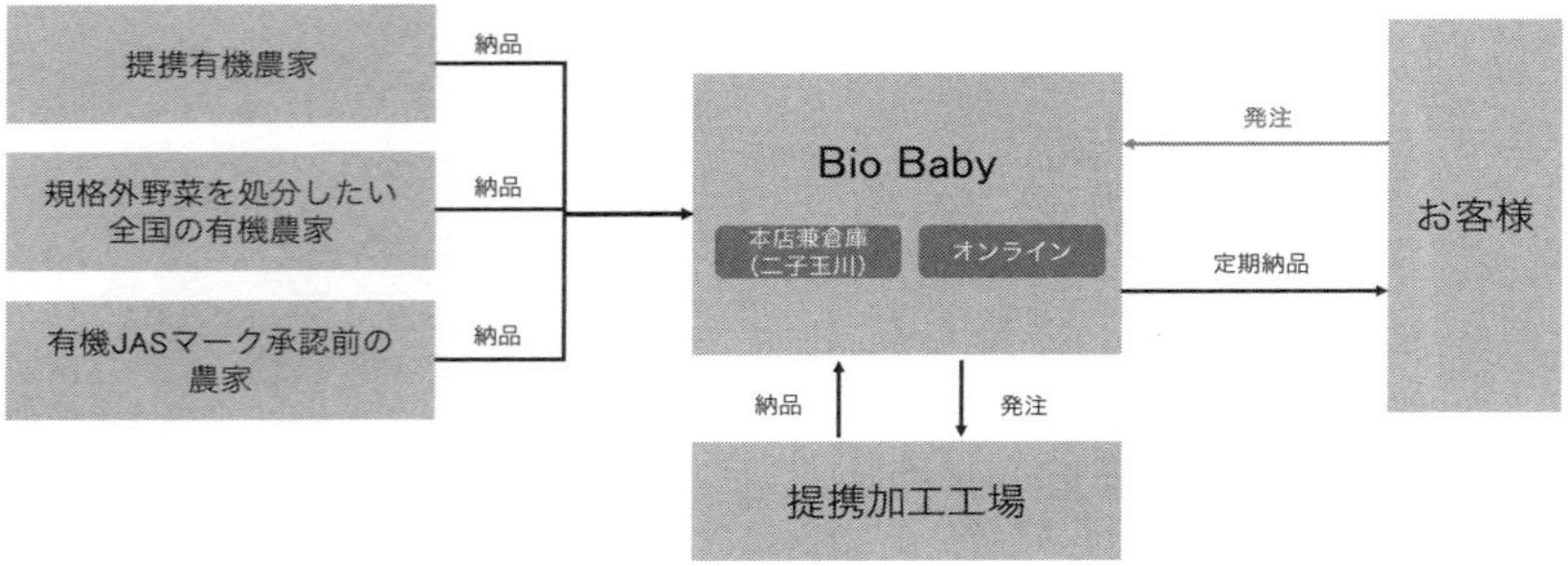

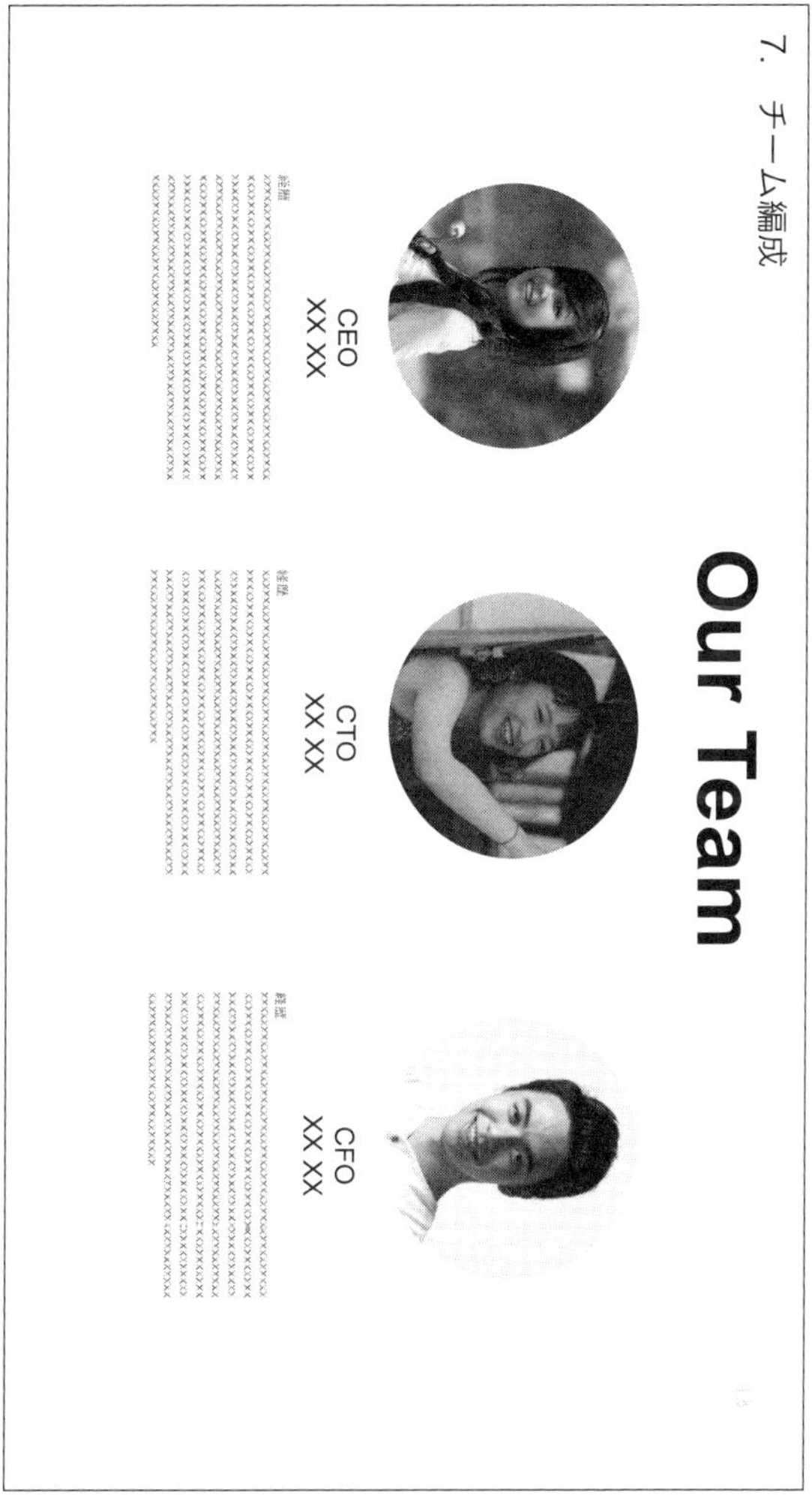
7. チーム編成
Our Team
CEO
XX XX
経歴
CTO
XX XX
経歴
CFO
XX XX
経歴

8.　財務計画

Financial Info.

14

収支計画（P/L）

		2022年	2023年	2024年	2025年	2026年
売上	円	**5,000,000**	**10,000,000**	**25,000,000**	**62,500,000**	**156,250,000**
販売数	個	1,667	3,333	8,333	20,833	52,083
成長率	%	N/A	100%	150%	150%	150%
単価	円	3,000	3,000	3,000	3,000	3,000
費用	円	**5,000,000**	**10,000,000**	**24,400,000**	**59,500,000**	**126,650,000**
原材料費	円	1,000,000	2,000,000	5,000,000	12,500,000	31,250,000
人件費	円	2,400,000	4,800,000	12,000,000	33,000,000	72,000,000
従業員数	人	1	2	4	11	20
1人/月 人件費	円	200,000	200,000	250,000	250,000	300,000
賃料	円	1,200,000	1,200,000	2,400,000	6,000,000	8,400,000
その他経費	円	400,000	2,000,000	5,000,000	8,000,000	15,000,000
利益	円	**0**	**0**	**600,000**	**3,000,000**	**29,600,000**

上記収支計画の詳細と、貸借対照表、キャッシュフロー計算書、Cap Tableに関しては別添Excelをご覧ください。

9.　お願い

ご協力いただきたい事項

初期から応援してくださるエンジェル投資を募集しています
長期的には、食品メーカー大手、子ども向け事業を展開する事業会社への
バイアウトを計画しています

対象企業	xxx. Inc.
想定Valuation	1 億円
金額	500万円
資金使途	商品開発費、システム等

第7章　のぞいてみよう、こんな人のこんな起業！――実例編

ここまで、ＨＡＳＵＮＡの起業に至った経緯、エシカル・ファッションをめぐる環境、エシカル・ビジネスを起業するための基礎知識を書くなかで、何社かの起業事例をすこしずつあわせてご紹介してきました。この章では皆さんのヒントにもなることを考えて、起業の事例を書いていきます。

andu amet（アンドゥアメット）

エチオピアの言葉で一年（ひととせ）という意味をもつレザーブランド、andu ametは、世界最高峰の羊皮「エチオピアシープスキン」を使用した製品をつくるラグジュアリーブランドです。絹のようなしなやかさと、羽のような軽さ、丈夫さを兼ね備えた鞄《かばん》やジャケットを制作販売しており、直営工場もエチオピアにあります。

創業したのは鮫島弘子《さめじまひろこ》さん。わたしの長年の友人ですが、出会いのきっかけはＨＡＳ

UNA創業時にプロボノ（プロフェッショナルスキルを生かしたボランティア）として参画してくれたことにあります。

鮫島さんは大学を卒業後、化粧品メーカーにデザイナーとして入社しますが、大量生産、大量消費に疑問を感じ二十代で青年海外協力隊としてエチオピアに渡航。その後ガーナにも渡航し現地でアクセサリーの生産指導やファッションショーの開催を行っていました。帰国後は外資系ラグジュアリーブランドに入社し、化粧品のマーケティングを担当。この時にHASUNAのプロボノとしてデザインやマーケティングのアドバイスをいただいていました。エチオピアやガーナでの経験が忘れられず、自分自身でも起業の機会を探していた鮫島さんは、HASUNAの取り組みに深く共感してくださり、プロボノとしてジュエリーデザインやマーケティングを手伝うなかで、自分で起業することを決意。二〇一二年に会社を辞め、株式会社andu ametを設立しエチオピアに渡航、工場の立ち上げを行いました。

現在、約一〇名の工場スタッフとともに鞄を制作し、東京・表参道にある直営店やECサイト、全国の百貨店のポップアップショップで鞄等の販売をされています。鮫島さんの並々ならぬ努力と二十代でのエチオピア、ガーナでの経験が現在のものづくりの姿勢に直結しており、エチオピアの文化的背景に重きを置いていることも特筆すべきところであると思っています。たとえば鞄や小物の色づかいはエチオピアの文化や自然にインスピレーションを得たカラフルな配色を積極的に取り入れ、andu amet のアイコンでもある装飾の部分は、一人ひとりの鞄職人さんに「あなたが感じるハッピーな色の組み合わせにしてくださいね」と伝えたうえで制作をされているそうです。装飾部分は虹のようなカラフルなデザインが施されており、製品により一つ一つが異なるのも魅力だと思っていましたが、鞄職人さんのハッピーな気持ちも込められているのだとわかり、この話を伺った時はとても感動しました。また、エチオピアにはフルーツの色がいくつものレイヤー（層）になっている「チマキ」と呼ばれるフルーツジュースがあるのですが、andu amet 創業時からあるHUGコレクションの鞄はこのチマキのレイヤーがイメージソースとなっています。そんなことからわたしはHUGコレクションを手にするたびに、このカラフルなジュースやエチオピアの雄大な自然の風景が心のなかに拡がり、遠い異国に想いを馳《は》せることができ、豊かな気分になります。

エチオピアでの雇用の創出、文化の発信、そして環境にも配慮をしたエシカルな生産体制を敷きつつ、一流のブランドを目指している姿は多くのレザーブランドに影響を与えていることでしょう。表参道にあるフラッグシップショップでは、エチオピアやアフリカをテーマにしたワークショップやイベントを多く開催されているので、ぜひ足を運んでみてください。

ITONAMI（イトナミ）

瀬戸内発のデニムブランドであるITONAMI*は、瀬戸内エリアに集積する工場でつくられるジーンズのつくり手と売り手の距離を縮めることをテーマに、〝消費されないデニムを届ける〟という理念で二〇一五年に誕生したブランドです。兄である山脇耀平さんと弟の島田舜介《しゅんすけ》さんの二人で設立されました。

もともとは兵庫県で生まれたお二人ですが、幼いころからジーンズが好きで、弟の島田舜介さんが大学進学のさいにジーンズ工場を見学してはじめてものづくりの現場にふれ、職人さんやものづくりに関わる人たちの「純粋なカッコよさ」に惚《ほ》れ込んでブランドをつくる構想がはじまりました。デニムの世界を深く知るなかで、日本の洋服づくりの規模が年々縮小していることや、産業自体が衰退していることに問題点を見出《みいだ》し、つくる人と使う人の両者に価値を生み出したいとブランド立ち上げに至りました。店舗をもたず卸売もせず、全国の百貨店やセレクトショップ、ホテルなどでポップアップのイベントを開催し販売をされています。

二人のことを知ったのは、ＮＰＯ法人ＥＴＩＣ．が主催するMAKERS UNIVERSITYという社会起業家を育てるスクール事業で、わたしのもっていた「白木ゼミ」に参加してくれたのがきっかけでした。何よりもデニムが好きで、職人さんの働く姿に惚れ込んだというのが素晴らしいと思っていましたし、実際にわたし自身もデニムを購入させていただき、はき心地もよくデザインにもこだわりがあり素晴らしいと感じていました。

瀬戸内エリアの職人とダイレクトにやり取りをする制作方法もユニークですが、ITONAMIは販売方法のユニークさにも魅力があります。百貨店その他でポップアップイベントをしたり、ＥＣを開設して販売する方法は若手のブランドの登竜門ですが、ITONAMIの場合は全国四七都道府県を巡りながら移動販売をするための車「えぶり号」をつくり、全国を巡りながら販売を実践。「えぶり号」をつくるさいには資金が必要となりましたが、そのさいは、クラウドファンディングで資金を募り、見事四〇〇名近いサポーターから七七六万円を集め準備金を得ました。オンラインサロンを開設して準備から実際に全国を巡って販売をする様子を配信し、トークイベントなども積極的に行うことで全国にITONAMIのファンが多数生まれました。二〇一七年四月に共同代表の二人は『Forbes』誌が選ぶ、「アジアを代表する三〇歳未満の三〇人」のリーダーにも選出されました。

そして「えぶり号」で四七都道府県を巡り終えた二〇一九年、新たな挑戦がまた始まっています。岡山県倉敷市の瀬戸内海が見える美しい場所に、拠点が九月にオープンしました。その名も「DENIM HOSTEL float（デニムホステルフロート）」。ホステルの機能だけでなく、カフェやプロダクトのショールームも備えた場所として多くのファンが訪れる場所となっています。

*二〇二〇年一〇月にブランド名がEVERY DENIMからITONAMIに変更された

Enter the E（エンター・ジ・イー）

サスティナブルでエシカル、多彩なデザインと選択しやすい価格を兼ね備えたファッションのセレクトショップ Enter the E。二〇一九年にローンチしたセレクトショップで、ファッション業界で二〇年近くのキャリアのある植月友美さんが立ち上げました。

植月さんは一八歳からファッション業界に入り古着のバイヤーなどをされたのち、アメリカ、カナダに留学。ニューヨークでも仕事をされていました。二〇〇九年にファッション業界による環境破壊を目の当たりにし、人や環境に配慮をした洋服を楽しめる会社をつくることを決意。「人や環境に配慮したファッションが特別なことではなく、標準化された社会」となるような世界の実現を目指していらっしゃいます。

立ち上げにあたり、「普段のお買い物で、人や環境に配慮したものを選びたい」という気持ちはあれど、価格やデザインの選択肢が少なく、取り入れることができないという日本のファッション業界にも疑問をもたれ、世界じゅうのエシカル・ファッションブランドを見てまわったとのこと。人や環境に配慮してつくられたエシカルなファッションブランドが世界じゅうに数百あるなか、日本で流通するブランドはほんのわずかしかないということにも衝撃を受けたそうです。

北欧やイギリス、フランスのブランドをはじめ、日本未発売のエシカル・ファッションブランドを買い付け、二〇一九年一一月のローンチのさいは北欧やイギリス、フランスなど世界じゅうから二〇ブランドが並びました。植月さんが実際にファウンダーにインタビューもされ、エシカルであることはもちろんのこと、ファッション性にも富んでいて、購入しやすい価格のものをそろえていらっしゃり、これからが期待されるセレクトショップです。

kay me（ケイミー）

「挑戦する女性を応援する」をミッションとし二〇一一年に誕生したライフスタイル応援ブランド kay me。「一瞬で華やか、ずっとラク」をキャッチフレーズに、働く女性が楽に過ごせて、エレガントで華やか、かつきちんとして見えるジャージーワンピースを中心にファッションアイテムの制作販売を手がけているブランドです。

代表兼デザイナーの毛見純子さんは、小さなころから呉服屋で商売をするお祖母様の姿を見て「自分の意思で選択をし、行動している人」が幸せであると感じ、そのような女性を増やしたいという気持ちをもって「志ある人を応援する三〇〇年たっても色褪《いろあ》せない事業」の開始を決意します。

また、毛見さんは企業の経営戦略コンサルタントとして働くなかで、女性が着るスーツは窮屈で手入れも大変だったりと、自分のニーズに合うものの少なさに疑問を感じていらっしゃいました。二〇一一年の東日本大震災をきっかけに働く女性のためのワンピースを制作することを決め、SNSを駆使し、手さぐりで工場やパタンナーを探し、構想から四カ月でドレス約六〇点を制作。当時書いていたブログからも口コミで広がり、はじめは小さなマンションの部屋からはじまった会社が二〇二一年現在では銀座本店、新宿店、羽田空港店など一一店舗を構えるまでに成長しています。商品ラインナップも、ジャージーワンピースだけにとどまらず、ストールや鞄、ジュエリーにも展開を積極的に拡大されています。昨今も、コロナ禍でアパレル業界は全体的に大きなダメージを受けたにもかかわらず、その勢いを落とすことなく名古屋栄、福岡、阪神梅田にも新しく出店され、オンラインでの販売にも力を入れるなど飛躍的に成長をされています。

活動の拠点は日本だけにとどまらず、二〇一五年には英国法人を設立。ロンドンのメイフェアにて期間限定の路面店を開設し、英国商工会議所アントレプレナー・オブ・ザ・イヤーを受賞、ＢＢＣ（英国国営放送）のビジネスニュースで特集もされました。

シワになりにくい素材で、日本の職人による丁寧で丈夫なつくり。布のパターンデザインも日本を感じさせるデザインでありながら、ヨーロッパ風の洗練された空気感があるものですが、聞くところによるとロンドン在住のデザイナーに毛見さんが直談判して制作を依頼し、実現に至ったとのこと。このような毛見さんの熱意によって実現したジャージーワンピースはいつ着ても軽い着心地で、素材にかんしてもエコレザーを使用するなどエシカルな素材にこだわり、衣料廃棄ゼロを目指すなどサステイナビリティにも取り組まれています。

アパレル業界での衣料廃棄の問題は深刻で、小島ファッションマーケティングの調査によると、前述のように二〇一七年の衣服の日本国内での供給量は二八億点であったなかで、実際に消費された衣服の量は一四億点と約半分が余剰在庫となり、輸出や焼却処分をされています。日本の人口は減ってゆくなかであるにもかかわらず、安い洋服を大量生産し販売する姿勢は現在でも続いており、とくに二〇二〇年はコロナ禍で洋服の売れ行きは下がり、ファッション業界は大きな打撃を受け、倒産する会社も多く出ました。このような状況下でファッション業界自体の生産消費サイクルを見直さねばならないという動きが昨今出てきており、kay me は事前に需要予測をして生産をし、セールもアウトレットにも出さないという姿勢を取り、「無駄のない製造体制」「在庫最適化」「適正価格」を実現するサスティナブルな取り組みを先進的に行っています。

THE INOUE BROTHERS（ザ・イノウエブラザーズ）

デンマーク、コペンハーゲン出身の日本人兄弟、井上聡さんと清史さんのお二人で立ち上げたエシカル・ファッションブランド。兄の聡さんはコペンハーゲンを中心にグラフィックデザイナーとして活躍し、弟の清史さんはロンドンを中心にヘアデザイナーとして活躍。社会貢献を果たすデザインを模索するなかで二〇〇四年にデザインスタジオ THE INOUE BROTHERS を設立。「スタイルは大量生産できない」をキャッチフレーズに日本の繊細さと北欧のシンプルさへの愛情を基本に生まれたデザインを「スカンジアジアンデザイン」と呼び、ザ・イノウエブラザーズのデザインに落とし込み、商品開発されています。

ファッション広告などの仕事を経て、設立から二年たったころ、アンデス山脈を旅したさいに、高品質なアルパカのニットに出会います。この素材がどのような背景から産み出されているのか、そうしたストーリーとともに消費者に届けると同時に、アルパカ農家の人や毛織物の職人に正当な報酬を支払える体制をつくり上げ、ニット商品の展開を開始しました。最高級の品質とその生産方法に注目が集まり、この活動を通してTHE INOUE BROTHERSの存在が世界に知られることになりました。ニットはペルーのパコマルカ・アルパカ研究所と協業し、数年がかりで開発。素材づくりからペルー農家とともに手がけ、染織をすることなくアルパカの毛そのものの色味を生かしたニットも開発。当初は五〇頭のみだったアルパカは、現在六〇〇頭にまで増えているそうです。

また、ペルーでは環境負荷がきわめて少ない究極のコットンに出会い、二〇一九年春夏コレクションとしてサスティナブルなコットンを使用したコレクションも発表。このコットンは天然ピマコットンと呼ばれるもので、インカ時代から伝わるペルー原産の品種で、一般的なコットンに比べて環境負荷が低く、栽培から紡績、紡織、縫製までを一貫してペルーで行い、オーガニックコットンの認証ではもっとも厳しいGOTS認証をすべての工程で取得しています。「着る人、つくる人、売る人、すべてを幸せにしたい」をモットーに、エシカル・ファッションづくりに情熱を燃やす井上兄弟の姿は、これからさらにファッション業界に疑問を投げかけ大きな影響を与えると感じています。

また、聡さんが拠点とするデンマークのコペンハーゲンには、聡さんが運営するオーガニック居酒屋「Jah Izakaya & Sake Bar」もあるそうです。

nanadecor（ナナデェコール）

表参道と原宿のあいだにある小道にひっそりと佇《たたず》むnanadecorのサロン。一軒家を改築し、一階部分がショップ兼カフェ、二階がワークショップもできるサロンスペースになっています。

nanadecor創業者兼ディレクターの神田恵実さんは、ファッション業界でのキャリアが長く、ファッションショー企画制作会社、出版社を経てフリーのファッションエディターとして雑誌や書籍、ブランドのカタログを手がけ、二〇〇五年に会社設立。オーガニックコットンブランド、nanadecorを立ち上げられました。オーガニックコットンのナイトウェアやリラックスウェアなどのプロダクト開発のかたわら、ワークショップの企画やオーガニックライフをトータルで提案されています。

創業前、神田さんがファッションエディターとして多忙な毎日を送るかたわらで、世間ではロハスブームやナチュラルな生き方が注目されていた時代でした。そのようななかでとあるオーガニックコットンブランドを取材する機会があり、その社会的意義や環境的価値、そしてオーガニックコットンに触れたさいの心地よさに心を打たれ、仕事で疲れた一日の心と体を癒してくれるような、温かみのあるオーガニックコットンのナイトドレスを開発することを思いつき、制作を開始されました。

当時、オーガニック製品は一部の環境意識の高い人たちのものであるというイメージが強かったなかで、環境や社会貢献という意味合いだけではなく、「たまたま美しく心地よいナイトウェアやタオルを手に取ったらオーガニックだった」という空気感をもたせたブランドづくりを心がけていらっしゃったとのことです。二〇〇九年には編集の仕事で数カ月インドのジャイプール近郊に滞在する機会があり、そのさいにオーガニックコットン栽培を行う団体を訪問。その後インドの綿花農家や職人との交流のなかからオリジナルのオーガニックコットンタオルの制作が実現してゆきました。この時に初めてインドのオーガニックコットンの生産現場を見た神田さんは、よほど強い思いがないと無農薬での綿花栽培はできないと実感したことや、実際にサンプルをつくってもらったものの、なかなかうまく行かず、初期で発注した一〇〇〇枚のタオルもすべてがB品であり、オーガニックで生産することには、このような生産プロセスの改善にも寄り添って肩を並べて地道に改善していくことが必須であると覚悟が決まったとおっしゃっていました。

その後 nanadecor はナイトドレスやタオルだけでなく、部屋着やランジェリー、アイマスク、ベビーウェアなど少しずつアイテムを増やしながら、時間をかけ、丁寧にプロダクトと向き合い、じっくりと成長をされています。nanadecor のナイトウェアは、素材の良さ、触れた時の心地よさはもちろんのこと、着るだけでまるでフランス映画の主人公になったかのような気分になれる繊細さと女性性が高まるデザイン。また、一日じゅうリラックスして過ごせるゆるやかで、女性らしい柔らかさのあるデザインも特徴です。デザインを手がけるのは神田さんご自身。神田さんがフランスのアンティークコットンドレスを集めるのが趣味であったとお伺いし、こだわりとデザイン性の高さにとても納得しました。

表参道のサロンに併設されているカフェは、マクロビオティックに基づいたフードレメディの食事が提供されており、彩も豊かで味も美味しく、わたし自身も頻繁に訪れています。毎週のようにイベントが開催されているのも楽しい、癒しの場所です。

NAO LINGERIE（ナオランジェリー）

お世話になっている経営者の知人の紹介で創業者の栗原《くりはら》菜緒さんとお会いしたのは五、六年前。華やかでとても可愛らしい方ですが、根性のある栗原さんとは同じ美しいものづくりにこだわりをもつ経営者としてすぐに意気投合し、それ以来プライベートでも仲良くさせていただいています。

栗原さんは、十代のころから繊細なレースランジェリーの世界に憧れをもち、大学卒業後は「日本の美しさや文化を海外に広める仕事がしたい」と外務省職員として働いていました。その後、自分の好きなランジェリーの世界での起業を志し、コンサルティングの会社で経験を積むなかで会社経営、マーケティングのノウハウを学び、起業資金を貯め、退職後にはイタリア、ミラノでランジェリーデザインを学びます。日本文化を世界に発信することに情熱をもつ栗原さんは、日本の職人技術にインスピレーションを得たランジェリーを考案。日本でランジェリーを生産するのは工場が大きなロット（ひとデザインあたり数百着、数千着など）でしか受け入れてくれないため参入障壁が高く、個人がランジェリーづくりで起業するのは稀《まれ》なのですが、栗原さんの情熱と志、しっかりと準備された事業計画に共感したランジェリー工場が生産をしてくれることになり、実現しました。二〇一三年に上海ファッションウィークにてNAO LINGERIEを発表し、その後銀座に予約制サロンをつくります。

肌に触れる部分はオーガニックコットンを使用し、日本の伝統的な職人技術を取り入れるなど伝統産業の振興にもつながる栗原さんのランジェリーは、見た目の美しさはもとより、着け心地も最高級の下着へと仕上がっています。わたし自身もパリやイタリアなどのランジェリーの本場で、この上なく美しいレースの下着を見て憧れを抱いていましたが、素材が薄すぎたり、日本人の体型に合わないことや機能性に問題があることが気になって、買う機会はほとんどありませんでした。そんななかで、繊細さと美しさを兼ね備え、外国製のランジェリーでは得られないような着け心地の良さ、機能性をもつ栗原さんのランジェリーはまさに日本の職人技術を取り入れたものと言えると思っています。

また、栗原さんの想いとして、「思いやり、尊厳、自尊心」を高められるブランドを目指しているのも、NAO LINGERIE の素敵なところだと思います。ご自身でも You-Tube などで女性の尊厳や自尊心にまつわるお話を積極的に発信されており、児童養護施設の女子たちへランジェリーを寄付する活動も行い、多くの女性たちに勇気を与えているブランドです。

販売する場所にかんしても日本橋の高島屋など一流の百貨店での取り扱いもはじまり、栗原さん自ら全国出張に出るなどして販売をされ、これから海外への展開なども楽しみなブランドです。

ちなみに、栗原さんをご紹介くださった「お世話になっている知人」というのは、株式会社ココナラの南章行さんで、南さんの書籍『好きなことしか本気になれない。人生100年時代のサバイバル仕事術』（ディスカヴァー・トゥエンティワン、二〇一九年）も、ファッションでの起業とは離れますが、これから起業を志す方にはおすすめの一冊です。

和える（あえる）

日本の伝統を次世代につなぐ、をコンセプトにしたブランド「和える（aeru）」。日本の伝統品、伝統技術を用いたおもに出産祝い品などの商品企画、デザイン、販売を手掛ける会社のブランドです。このブランドのことを知ったのは、わたし自身が娘を出産したときにファッションジャーナリストの生駒芳子さんと一般社団法人エシカル協会の末吉里花さん、オーガニックコンシェルジュの岡村貴子さんからの出産祝いとしてaeruが商品開発した徳島県の本藍染産着と靴下、タオルのセットを贈っていただいたことがきっかけでした。産まれたばかりの小さな娘に、日本の伝統品である本藍染の産着を着せて記念撮影したのはとても良い思い出になりましたし、いまでも思い出の品として大切に保管しています。娘が大きくなった時に、この本藍染の産着を見せて、たくさんの友人たちが誕生を祝福してくれたことを話せるといいなあと考えています。

また、その後わたしの友人が出産したさいには福岡県でつくられた小石原《こいしわら》焼の子ども用湯呑《ゆの》みや愛媛県の手漉《てす》き和紙のボールをプレゼントしたり、同じように本藍染の産着をプレゼントしたこともあります。

創業者の矢島里佳さんは学生時代にジャーナリストになりたいという夢をもち、日本全国の職人さんを取材してまわり、日本の伝統文化、産業の情報発信の仕事をされていました。そんななかで「伝統や先人の智慧《ちえ》」と「今を生きるわたしたちの感性」を混ぜるのではなく和えることで、わたしたちの暮らしに伝統産業の技術を生かしながら、伝統をつなぐことを目指し、次世代の人びとが誇れる日本の伝統を生み出すための株式会社「和える」を大学四年生で起業されます。

二〇一四年に東京・目黒に、二〇一五年には京都・五条に店舗を設け、先述した本藍染の産着以外にも愛媛県の砥部《とべ》焼、徳島県の大谷焼、石川県山中漆器などのこぼしにくい器シリーズなどを実際に手にとって見ることができます。どれも日本の職人さんのこだわりや、手工芸品ならではの温かさが伝わる、贈りものにぴったりの品です。また、万が一器を割ってしまっても、金継ぎで器のお直しをしてくれるサービスもあり、使いこむほどに味が出て、美しくなってゆく器を子どもの成長とともに楽しめるのも魅力のひとつです。

HIRUME（ヒルメ）

わたしがエシカルというキーワードを日本で最初にメディアで見たのが二〇〇八年の『マリ・クレール』誌であったと、第三章で書きました。その時に編集長をされていたのが、ファッションジャーナリストの生駒芳子さんです。生駒さんは、フリーランスのライターを経験された後、日本版『VOGUE』創刊号で副編集長を担当。その後日本版『ELLE』の副編集長を経て、二〇〇四年にフランス発のファッション誌『マリ・クレール』日本版の編集長に就任されました。海外のファッション誌の誌面では、社会派の記事、たとえばジェンダーの問題や人種差別の問題、そしてエシカルなファッションのあり方などが必ずと言っていいほど取り上げられるのに、日本では社会派の記事は受けないからという理由で削除されてしまうことに疑問を覚え、『マリ・クレール』誌の編集長を担当するようになってからは、積極的に社会派の記事や寄付キャンペーンを行って来られたそうです。たとえば、環境宣言をしたルイ・ヴィトンからヒントを得て、二〇〇五年にエコとラグジュアリーが繋《つな》がる「エコ・リュクス物語」特集を誌面に設け、二〇〇七年にはロンドンを特集した記事のなかにエシカルにかんするコラムをつくり、二〇〇八年に「エシカル・ファッションが未来の扉を開く」でエシカル・ファッション特集を掲載されてきました。二〇〇八年当時はエコやロハスというキーワードやムーブメントがブームとなっていた時代でしたが、以前にも記載した通り、エシカルというキーワードは日本ではほとんど聞かれないものでした。そのようななかで、このエシカル・ファッション特集に対して当時十代、二十代だったミレニアル世代の若者たちが記事にかんしてポジティブな反応を示してくれていたことが印象的であったそうです。

その後、二〇〇八年に生駒さんはフリーランスのファッションジャーナリストとなり、仕事で日本全国をめぐるなかで金沢の伝統工芸と出会います。加賀《かが》繡《ぬい》、加賀友禅や象嵌《ぞうがん》細工など、海外のラグジュアリーブランドに匹敵する、またそれを上回るようなクオリティをもちながらも、販路がないことや後継者不足により未来を悲観する職人たちの姿を見て驚き、何か自分にもできることはないだろうかと考え始めます。その後すぐにイタリアに本拠地を置くメゾンブランドのフェンディから日本の職人とのコラボレーションができないかと提案があり、金沢の伝統工芸とのコラボレーション企画が始まりました。この時プロジェクトを進めるなかで、二〇一一年の東日本大震災が起こり、それを超えた春に新宿の伊勢丹でフェンディと金沢の伝統工芸のお披露目会が開催されました。ここから生駒さんは「WAOプロジェクト」と題して全国の伝統工芸産地よりモダンクラフトを集め、パリやニューヨークでポップアップイベントを開催するなど日本の美しい伝統工芸を世界に発信するプロジェクトを開催してゆかれました。海外に発信することで、日本の職人の技術を広め、ひいては職人技術の需要と雇用を守ることにも繋がってゆく、エシカルなプロジェクトです。

そして二〇一五年、生駒さんはHIRUMEというブランド名で、日本の伝統工芸をベースにしたジュエリーやファッションを制作するオリジナルブランドをローンチされました。HIRUMEは日本の太陽神・女神である天照大神の別称「大日孁貴神《おおひるめのむちのかみ》」から名付けられ、世のなかを照らすほどの活躍をする女性たちが、しっかりとつくられたものを纏《まと》って活躍して欲しい、伝統産業に光をもたらして欲しい、との意味を込めて付けられたそうです。加賀繡の技術を使用したスカジャンや漆・蒔絵《まきえ》のバングル、金沢の金銀箔をふんだんにあしらったクラッチバッグなど、ラグジュアリーな存在感のなかに、日本の伝統的な美しさを表現したプロダクトがアート作品のように並びます。加賀繡の技術を使用したスカジャンは、制作に一カ月半という時間がかかるものであったり、どの製品も職人による丁寧な仕事と、日本の伝統への敬意が編み込まれているものです。

二〇二一年には日本を代表する漫画家の手塚治虫さん作品とのコラボレーションを行うなど、遊び心にも溢《あふ》れた展開があり、わたし自身もいつかＨＩＲＵＭＥのプロダクトを素敵に着こなせる女性になりたいと、見るたびに心躍る気持ちでいます。

あとがきにかえて、皆さんへのメッセージ

ここまでお読みいただきありがとうございました。世界は本当に良くなるんだろうか？　どうしてこんなに辛《つら》い現実があるのに、皆無視して生きていられるのか？　と、学生時代に発展途上国の貧困地域を渡り歩くなかで絶望感に苛《さいな》まれながら、動かないように思える現実に向き合い、自分にできる何かをしたい、と細々と行動を続けてきた二〇年だったなあと思います。ＨＡＳＵＮＡの起業や各種企業のアドバイザー、そして大学などでの教育活動を通じて、年間何百人、何千人の方と出会うなか、本当にすこしずつですが、この世界は確実に良い方向に向かっていると感じています。わたしと同じような想いをもってアクションを起こす仲間は年々増えて、とくに若い世代の行動が活発になっていることを実感します。現に、エシカル・ファッションやジュエリーの会社を立ち上げたい、環境問題を解決するビジネスを考えたい、と相談に来てくださる方は五年前と比較して二、三倍、それ以上に増加しています。確実に、彼らがこれからの世界

をより良いものにしてくれるのだろうと、出会うたびに嬉《うれ》しくなり、すこしでもその力になれればと思っています。時間さえ許せば一人ひとりとじっくり向き合って、直接お話ししたいのですが、それが叶《かな》わず、この本を通じてこれまでの考察や出来事をお伝えし、これからの未来を創るうえで参考にしていただけたらと考えながら書きました。

ぜひ、これから一〇年、二〇年先をどんな世界にしたいかをワクワクしながら考えてみてください。わたし自身、エシカルやサスティナビリティにかんして、当たり前のように皆が語る世界になっていることを、まさに二〇年前に想像しつつも、その時は実現できそうにもない環境でしたが、現在はそうしたキーワードを見ない日がないような状況になりました。自分ひとりの力では世界は変えられないけれど、声をあげれば世界じゅうにいる仲間と繋《つな》がり、後に続く人たちが生まれ、時間はかかっても確実に変化は訪れます。ぜひ、希望をもって一歩踏み出していってください。きっと、一歩前進した皆さんの背中は、自分が思っている以上に輝いていることでしょう！

本書執筆に当たり、多くの方のご協力をいただきました。生駒芳子さん、坂口真生さん、軍地彩弓さん、末吉里花さん、谷家衛《たにやまもる》さん、高木新平さん、大谷明日香さん、太刀川英輔《えいすけ》さん、大谷吉秀さん、杉山文野さん、柳沢正和さん、村田早耶香さん、青木健太さん、慎泰俊さん、鮫島弘子《さめじまひろこ》さん、山脇耀平《ようへい》さん、島田舜介《しゅんすけ》さん、植月友美さん、毛見純子さん、神田恵実さん、栗原《くりはら》菜緒さん、矢島里佳さん。勝手ながら尊敬する方々ばかりです。お忙しいなかインタビュー、原稿確認までお引き受けいただきありがとうございました。編集者の平野洋子さんにも終始大変お世話になり、心から御礼申し上げます。

　そして、ＨＡＳＵＮＡに関係する皆さんにもこの場をお借りして御礼を伝えさせてください。ビジネスパートナーの緑川美穂子さん、中島康滋さん、社員・スタッフの皆さん、株主・アドバイザーの皆様、これまでジュエリーブランドＨＡＳＵＮＡに関わってきてくださったすべての方々に、心からの御礼をお伝えいたします。

　最後に、自由な発想をもち、行動することを心配しつつも応援し、背中を押して育ててくれた両親と祖父母、また、普段の生活と仕事、そして今回の執筆も温かく応援してくれている娘たちと夫にも、心から感謝しています。ありがとう！

二〇二一年六月

白木夏子

ちくまプリマー新書 384
ファッションの仕事《しごと》で世界《せかい》を変《か》える　エシカル・ビジネスによる社会貢献《しゃかいこうけん》

二〇二一年九月十日　初版第一刷発行

著者　白木夏子（しらき・なつこ）
装幀　クラフト・エヴィング商會
発行者　喜入冬子
発行所　株式会社筑摩書房
東京都台東区蔵前二-五-三　〒一一一-八七五五
電話番号　〇三-五六八七-二六〇一（代表）
印刷・製本　株式会社精興社

ISBN978-4-480-68409-7 C0233　Printed in Japan